忙しい経営者は社長失格

任せる社長ほど会社はうまくいく

井上晴夫
弁護士

現代書林

はじめに

この本は、プレイヤーとして邁進してきた人が経営者に脱皮するために読んでいただくことを念頭に置いています。

特に、社員が10名前後の小規模な企業を経営しながらも、新たなステージに進みたいと考えた時に生じやすい悩みにフォーカスしました。

また私自身が弁護士事務所の経営者ですので、士業事務所や職人的な仕事をする集団の事業所を経営している方の視点からの悩みにも配慮してみました。

私が読者の皆さんにお伝えしたいことは「任せる」ことの大切さです。

小規模企業の経営者は、社長業とともに現場の第一線に出てプレイングマネジャーをしている方が多く、特に士業のような専門職は、自分で案件を処理し、誰かに任せられない人が多数だと思います。

そういう方は、やることがいっぱいで心に余裕がなく、当然ながら他人にかまっている時間はありません。**「自分でやったほうが早い」**と思い、**自分で処理してしまうスーパープレイヤー**なのです。

全て自分でコントロールできる範囲で事業をやるので気持ちがいいのは事実です。

しかし他方で、**自分一人でできることには限界があります。**

物理的に処理できる顧客や案件数は限られますし、自分が体調不良で仕事ができなくなった時は業務が止まってしまいます。

会社を成長させる云々以前に、人に任せられずに自分で仕事を抱え込むのは、社会に対するリスクが大きく、従業員の仕事に対するやりがいも奪ってしまいます。ひいてはご自分の事業に対する社会からの期待に応えられないことにもなります。

そう考えると、人を雇い、社会に関わって事業をする以上、「人に任せる」ことは必須条件です。

もちろん、任せて自分は何もしないのではなく、経営者としての仕事にシフトしていくのです。経営者としての仕事をする物理的な時間と心のゆとりを作るために「任せる」のです。

本書では「任せる」ことを中心に、社長の心得をまとめました。特に、社長の心理状態を描写しながら、社長の心をバックボーンにした事業のあり方に切り込んでみました。

つまり、事業のほぼ全てを何から何まで自分で動いている創業期から、事業が大きくなってきて人を雇うようになり、**事業の成長ステージに応じて社長の役割が変わってきます。**

その時々での役割の変遷に社長の心がついていてこれず、戸惑いを覚えることがあるでしょう。

私自身も弁護士事務所という小規模事業所の経営者で、事務所の成長ステージに応じて変化する自分の役割に悩みました。そのような社長の心に配慮しながら、社長の役割、あり方について述べてみました。
本書を通じて、読者の皆様が社長の心のあり方について深く考え、日々の経営に活かしていくきっかけになれば幸いです。

２０２４年６月

弁護士　井上晴夫

第1章

忙しい社長は、社員が成長する機会を奪っている

第2章

あなたも「任せる経営者」になりませんか

第3章

「任せる経営者」になる前に、あなたがやるべき5つのこと

第4章

知らないと困る、会社を守るための9つの心得

第1章

忙しい社長は、社員が成長する機会を奪っている

私も忙しい経営者でした……

私は人口約20万人の島根県松江市で、弁護士として法律事務所を経営しています。２００８年に独立開業し、現在は弁護士４名、事務職員５名の小規模ではありますが、この地域、業界ではそれなりの規模の事務所です。

顧問契約企業数は約１５０社を数え、弁護士業界としては、島根県内はもちろん全国的に見てもかなり多い件数です。

顧問先企業様からは、法律相談だけではなく経営に関する相談も受け、私自身も経営者としての腕を磨くことができました。

ただ、私の事務所経営が順風満帆だったかと言えば全くそうではなく、失敗続きで、綱渡り状態の中、何とか生き延びてここまで来たというのが、正直なところです。

順調に事業を拡大。キャパオーバーで人手が必要に

開業当初は、サラ金などに対する過払い金返還請求事件が全盛期で、その流れに乗りました。

また、弁護士になった当初から、私の肌に合っていた倒産事件を多数手掛けたこともあり、仕事量や資金面では、ほぼ困りませんでした。

あの頃は、「自分の力で何でもできる」という自信があり、ややこしい人間関係に巻き込まれるのも嫌だったので、弁護士を雇って事業を拡大することはあまり考えていませんでした。

しかしこうやって順調に仕事が増えてくると、開業して2、3年くらいでキャパオーバーになり、人手が必要になりました。

こうして**開業5年目に初めて勤務弁護士を雇いましたが、ここからが私の苦闘の始まりでした。**なお、事務所を法人化したのもこの時期です。

雇った弁護士が全員退職……

開業5年目から3年連続で1人ずつ勤務弁護士を採用しました。弁護士の育成に私の時間を費やしたため、売上は増えるどころかむしろ減少しました。しかもこの**弁護士たちが3人とも、それぞれ約1年で退職**してしまう事態に陥りました。

周囲からは私のいないところで陰口を言われました（ただし、私の耳には入ってきました）。業務に対する嫌がらせを受けたりもし、人間の醜い面を肌で感じました。

開業9年目に弁護士1人になった私は、身軽になったことで動きが良くなり、危機時における火事場のくそ力が出たのか、売上は過去最高を記録しました。「1人でもいいかな……」と考え始めました。

ところが、世の中は私を1人の世界に戻してはくれませんでした。その当時、司※

法修習生という研修中の弁護士の卵のような若者が、私の事務所で研修を受けていました。

私は、**「せっかく私のもとで研修を受けてくれるのだからしっかり指導して巣立ってもらおう」という気持ちと、「彼の指導に失敗すれば弁護士を雇うことは今後止めよう。これが本当に最後だ」という気持ちが同居し、彼に私の持っているものを余すところなく注入するつもりで指導**しました。

そうしたところ、彼は司法修習が終了するにあたって、私の事務所で働かせてほしいと申し出てきました。これは私だけでなく、事務職員も彼の就職を望んでいたようで、私の事務所にとっては大きな一歩となりました。

こうして彼が弁護士として定着したことで事務所全体が安定し、業容を徐々に拡

※司法修習生とは、司法試験に合格した後、裁判官、検察官、弁護士になる前に約1年間の研修を受けている段階の人のことを言います。最高裁判所の命により全国各地に配属され、裁判所や法律事務所などで研修を受け、最後に卒業試験に合格すれば裁判官、検察官、弁護士になる資格を得られます。

大しながら、弁護士を少しずつ増やしていきました。

気づいたら、自分が動かなくても業務がまわるようになっていた

この頃は、他の弁護士や事務職員に任せることを少しずつ覚えていった頃です。任せると同時に、私は体力も精神力も旺盛でプレイヤーとしても精力的に動き、全速力でダッシュを続けるプレイングマネジャーだったと思います。共著ではありますが、専門書もたくさん執筆しました。

この頃がプレイヤーとしては全盛期だったと思います。ただ、事務所経営に対する野心は相当なものがあるものの、経営者の仕事というものを突き詰めて考えてはいなかったのでしょう。

こうして迎えた**40歳代前半**、今思えば厄年の頃だったと思います。何が起こった

のかと言えば、突然、**仕事をする気力がなくなった**のです。

それまでは、飲み会のあとも事務所に戻って仕事をしたり、徹夜で倒産事件の対応をしたりしていました。さらには他の弁護士が対応しきれなくなった案件を、「クライアントに迷惑をかけないように」との思いで私が引き取ったりして、とにかく生命力旺盛で仕事をしていたのです。

それが急に、全く無気力で仕事をする気がなくなったのです。**仕事をしなければならない気持ちはあるのですが、全く心が動きません。**今思えば、40歳代以降に起こる各種の体質や体調の変化に起因したものだったようです（166ページ参照）。

私がこのような状態になってしまっても、**たくさんのクライアントを抱え、弁護士や事務職員もいますので、業務を止める訳にはいきません。**

この事務所の危機に対して、当事務所のナンバー2の弁護士（先ほど登場した司法修習生から就職してくれた彼です）、それから、創業時から勤務してくれていた事務局長、事務局次長の3人が協力して、事務所の業務体制を見直してくれました。私の体調が戻るまで何とか切り盛りしてくれたのです。

この間の私は、できるだけ顧客対応を控えました。悪い噂が出ないように可能な限り人に会わないようにしました。

仕事は職員たちに任せるしかありません。案件の処理方針はおろか、対応人員の配転などの対応方法も全て、彼らに任せるしかありませんでした。

案件に関わればすぐに口出ししてしまう私でしたが、何せ無気力なので全てお任せ状態でした。

この時に私は今までにない感覚を味わいました。

「私がいなければ事務所はまわらない」と思っていたのに、私がいなくても事務所がまわっているのです。

これは経営者冥利に尽きる話で、事務所がステップアップした証拠なのですが、**今まで「自分がいないとまわらない」と思っていたのにまわってしまっている現実**

を目の当たりにして、いささかの寂しさを感じました。
自分がいなくてもいいというか、居場所がなくなった気がしたのです。

このような感情は、あとになって考えてみれば経営者として新たなステージに立とうとしている証でした。

単に案件を処理するだけはなく、案件処理を離れたところで「経営者の仕事」というものを考えるきっかけになったように思います。

自分で全てをコントロールしなくてもいい

ここまでの私の人材育成、特に弁護士などの専門職の育成について、成功要因、失敗要因を簡単にまとめてみたいと思います。

振り返ってみると、私の弁護士採用の目的は、案件が多くて処理できないので、私とともに案件を処理してくれる人を雇うことでした。

弁護士は専門職ですので、クライアントは私と同じクオリティを求めています。それは法的処理の中身だけでなく、依頼することによる安心感、マインドの部分なども私と同等のものを求めています。

そうすると**私は勤務弁護士に対して、そのようなものまで私と同じことをしてくる私の分身、いわば私のクローンを求めていた**のだと思います。

このような考えが念頭にあることで、私は勤務弁護士の仕事に対してマイクロマネジメントをするようになっていました。

しかもマイクロマネジメントの是非以前に、新人の弁護士が私と同じクオリティの仕事をできるはずはないので、うまくいくはずはなかったのです。

弁護士のような専門職の業務において、クライアントに事務所の代表弁護士と同レベルの品質のサービスを提供することと、勤務弁護士の育成とを両立していくことは困難を極めます。世の中の弁護士事務所の経営者が勤務弁護士に案件を任せられない所以でもあります。

モノじゃないので、全く同じ品質のサービスは不可能

モノを作るのではなく、弁護士のような専門職の人間が提供するサービスにおいて、代表者と全く同じ品質のサービスを提供することはそもそも不可能なのです。

勤務弁護士に自分の持ち味を発揮できるように育成しつつ、**クライアントにも代表弁護士のサービスとは違った持ち味のサービスの良さを実感してもらい、それを受け入れてもらうようにすること**が肝要ではないかと思います。

クライアントにそのようなサービスを受け入れてもらえるようになるまでに、**代表弁護士は、勤務弁護士に案件を任せつつ、面倒見良く指導し、時にマイクロマネ**

ジメントをし、時に丸投げをしながら、その匙加減を間違わないように見守っていくしかありません。それが勤務弁護士の成長に欠かせないと思います。

社員を見守ることを身につけよう

トッププレイヤーでやってこられた経営者の方々は、他人に任せるより、「自分でやったほうがうまくいく。早くできる」と自分でやってしまうことが多いでしょう。

私自身もそうでした。これまでお話ししました通り、勤務する弁護士がたくさん増えてきた時期では、全ての案件に目を通し、他の弁護士の仕事に細かく指示を出していました。

時には、「オレがやるならこれはしない」と厳しく接してしまうこともありました。

しかし、弁護士が増えてきて案件数が一定数を超えてくると、そのやり方では業務量が膨大になり、脳疲労を含めた精神的なダメージが大きくなります。

上場企業の経営者から聴いた、飛行機の中での金言

そうしたところ、2018年の冬頃、飛行機の中で、もともと面識のある上場企業の社長様と近くの席になり、ゆっくりお話しさせていただく機会がありました。

「井上さん、顔が疲れているよ。従業員は会社で集中していればいいけど、社長はそうはいかないでしょ。24時間張りつめていないといけない。だから心が壊れる。緊張を解きほぐす時間がないとメンタルが潰れてしまうよ。

それから、**井上さんは何でも自分でやりたがるでしょ。職員に任せることを増やさないといけないよ。**どういったことをどこまで任せるか決めていって、自分で決めることと任せることの線引きをすることだね。

任せるにあたっては、会社のビジョンに従って仕事をしてもらえばいいんだよ。経営理念の浸透はこういうところで効いてくるんだよ」

このようなアドバイスを受けました。その他ここに書き切れないお話を聴け、2万2000円の飛行機代が220万円の価値があるように思えました。

妻からの厳しいことば

とはいえ、なかなか自分の考え方や行動が変わらない私。そうしたところ、その年の3月のある土曜日のことです。

土曜日なので事務所は休みにしておりますが、顧客対応のため、若い弁護士たちが事務所に出ておりました。そのため、私も事務所に様子を見に行こうとしました。私は昼前に出社して、彼らをランチにでも誘おうと思っていました。

しかし、妻から事務所に出ることを止められました。「若い先生たちに任せるんだったら、全部任せたら」とのことでした。

妻に言わせると、**「従業員の立場からしたら、たまには自由にやらせてもらったほうがやりがいが出るし、代表が来て細かいことを言われるより、困った時にいてくれればよい。ご飯もたまにはお金だけ置いていってくれたほうがいい」**とのことでした。

私は、経営者として、今までにないくらい孤独を感じました。

しかし、「人に任せる」という意味では、考え方を根本的に変える機会であると前向きにとらえ、成長するチャンスであると考えました。

経営者の脳

さらにその年の4月に、東京で親しくしている熊本の弁護士Aさんと会話をしました。その時のやり取りは以下のようなものでした。

Aさん「急いで島根に帰らなくていいんですか？」

私　「今夜は泊りますよ。最近わざと事務所を空けるようにしているんです」

Aさん「事務所に居場所がない？」

私　「いや、そうじゃなくて、私がいると、若い弁護士たちが私を頼って、自分の頭で考えないんです。ちゃんと見ているので、困った時に登場するようにしているんです。スマホがあればどこでも仕事ができますしね」

Aさん「井上先生はもう社長脳になっておられますね」

今から考えると、この頃の数か月が、私の脳を経営者の脳に転換してくれる大事な期間だったのだと思います。

社長自らがプレイヤーとして働くことについて

一人親方的にほぼプレイヤー専門の状態から、人を雇い、任せることを覚え、経営者としてのステージが変わってきた場合に、社長自らプレイヤーをすることはどのように考えていけばいいのでしょうか。

これは**実際上の問題として、中小零細企業においては、人的リソースの関係から社長が現場から離れてマネジメントに集中することは難しい**でしょう。

さらに、顧客の側からしても、プレイヤーとしての社長の働きを求めている場合

社長がプレイヤーとして活躍する意味

1. 実務の勘を鈍らせないため

2. 顧客満足を高めるため

3. 新規事業や新規顧客を開拓するため

注意点

プレイヤーとして現場仕事に追われてはいけない
マネジャーとしての役割とのバランスに気をつける

もあります。

特に、自らの得意分野についてはプレイヤーとしてプレイを続けることがむしろ望ましいかもしれません。

自らの得意分野においてプレイヤーとして現役を続けることによって実務に対する自信につながりますし、勘を鈍らせない効果もあるからです。顧客満足も高まるでしょう。

また、小規模な会社では、新たな勉強が必要な新規事業への進出や、エリア的な拡大を伴う新規顧客の開拓をする場合、社長自ら陣頭指揮を執り、現場に踏み込むことが有効なこともあります。

小規模な企業では、従業員は現場の仕事に追われていて、新しいことや将来のための種まきをする物理的、精神的な余裕がないことが多いからです。社長が自ら動かないと何も始まらないでしょう。

ただし、社長が自らプレイヤーになる場合には、マネジャーとしての役割とのバランスに気をつけないといけません。

社長がプレイヤーとして現場仕事に追われていると、物理的、精神的余裕がなくなりマネジメントができなくなるからです。マネジメントや会社の将来を考えるのは心の余裕がないとできません。

従業員の成長の機会を奪ってはならない

それから、社長が自らプレイヤーになる目的を確認しておかないといけません。社長が率先垂範し現場でプレイヤーになる目的は、お手本を見せることで従業員にノウハウを学んでもらったり、みんなの士気を高めたりするためです。これが第一の目的であることを忘れてはいけません。

もちろん、これまでお話しした通り、人的リソースが不足している中小零細企業では、案件解決のために社長が自ら動く必要があることは否定しませんが、それはあくまでも例外的対応で当たり前のことだと考えないほうがいいでしょう。

なぜなら、**社長が自らプレイヤーになることで、その分従業員の経験を積むチャンスが減り、従業員の成長の機会や、やりがいを奪うことになる**からです。

社長がプレイヤーになるメリットとデメリット

メリット

- お手本を見せることで、従業員にノウハウを学ばせられる
- 従業員の士気を高める
- 社長や会社に対する、従業員の忠誠心が上がる

デメリット

- 従業員が経験を積むチャンスが減る
- 従業員のやりがいを奪ってしまう

社長は自らプレイヤーになることで気持ち良さを味わったり、少し若返った気分になることがあるかもしれません。しかし、その反面、従業員の経験を積むチャンスを奪っている意識を持っておかないといけません。

自分中心ではなく、組織全体にとって必要なのかという観点から、自らの行動を判断していただきたいと思います。

とはいえ、社内で誰も処理できない案件を社長が直接出馬することで解決する気持ち良さは否定しません。

それによって顧客からのプレイヤーとしての社長個人に対する信頼、ひいては

その社長が率いる会社に対する信頼が上がることはあるでしょうね。特に弁護士のような専門職ではその傾向があります。

また、社長がそのような案件を処理することで、従業員の安堵と、社長に対する忠誠心が上がることもあると思います。

第2章

あなたも「任せる経営者」になりませんか

任せることにコミットしよう

世間では、「任せる」と言うと、上司が部下に「丸投げ」して楽をするというようなことであまりいいイメージで語られないことが多いでしょう。

それはあとでお話しします通り、上司の側の任せ方が間違っていることや、任せられる部下の側の「組織に貢献する」という意識の低さが原因にあると思います。

任せると三方よしになる

そもそも、**上司が部下に任せるのは、それによって組織全体のためになるから**です。

部下、上司、組織の三方よし

部下	・自分の考えと責任で動ける ・仕事へのやりがいや達成感を得られる ・仕事が楽しくなり、成長できる
上司（経営者）	・他のステップアップした仕事ができる
組織	・組織が成長する

任せることにより組織全体に力がついて組織が成長します。全体の業務も円滑に進めることができるようになります。

部下の側からすると、自分の考えと責任で動けるようになり、仕事へのやりがいや達成感を得ることができます。仕事が楽しくなり、部下の成長につながります。任せることは、部下のためにもなるのは、動かざる事実でしょう。

また、任せた上司は、任せることによって時間ができます。他のことをする時間ができるのです。

社長であれば経営者としての仕事をする時間ができますし、経営者でない者も空いた時間でよりステップアップした仕事に取り組むことができます。

このように任せることは部下、上司、組織の三方よしになるのです。

自分でコントロールできることの成果を考えてみる

任せるということに対して抵抗感のある方は、考えてみてください。

自分でやれること、自分でコントロールできることは、成功してもそこそこの結果しか出ないと思いませんか。しかもその結果は想定していた範囲内のもののはずです。

他方で、自分の想定を超えた大きな結果が得られた時は、人に任せつつ、みんなで取り組んだ時ではないでしょうか。

そういう時は、みんなの力が合わさることで、目に見えない大きな力と言うか、自分を超えた力が後押ししてくれたのだと思います。

また、**任せると言っても、自分は何もしないのではなく、任せたこと以外の仕事をしている**のです。

誰に何を任せるのかを考え、任せた後のフォローをしっかりやって、全体の舵取りをやっているはずです。

任せることに後ろめたさは感じなくて大丈夫です。任せることによって自分の力を超えた成果を成し遂げうるのです。

任せるための前提

部下に任せるにあたっては、規定演技をしっかりと教えて、そこから任せていくことになります。

一般的な技能はさることながら、具体的な案件との関係で言えば、**任せるには、その案件を遂行できるだけの力があることが前提**になります。そう考えると、**「育成」と「任せる」はワンセット**です。

そして、育成には段階があって、まず、任せようとしている案件を遂行できるだけのスキルがない場合、任せることはできません。まずは、答えを教える形でスキルを習得させることが必要になります。

次に、一定のスキルが身についたら、**部下が自分で主体的に考えて自律的に動けるように育成する**ことになります。**答えを教えるのではなく、自分で答えを見つけ出す**のです。

この段階で「任せる」ということが発生するのです。

基本スキルのない新人が自分の判断で動くと……

なお、言うまでもありませんが、育成と採用は密接な関係にあります。基本スキルの高い人材を採用できれば育成は楽になりますが、私の経験では、マインドの部分、特に**規律を守れる人材かどうか**も採用にあたって大事な要素になります。

特に弁護士は、難しい国家試験を通過したことへの自信なのか、新人でも自分で判断してやりたがる傾向があります。

専門職としては大事なことですが、基本スキルが身についていない段階でそれをやられては、事務所にもクライアントにも多大なトラブルを引き起こす可能性があります。また事務所全体の方針に反することもあります。

規律を守ることの重要性や育成については後述します。

誰に何を任せるか、どうやって任せるか

何を任せるのかは、**部下の能力、適性や意欲、その時の他の仕事との兼ね合いで、任せる案件と任せ方が変わってきます。**

任せたい仕事がその時の部下の状況にフィットしているかどうかです。レベル感は、現状の力よりも少し頑張れば達成できそうなものになるでしょう。

誰に任せるのかは、任せたい案件とその職員がフィットすればいいですが、育成段階では、まず部下が先で、その部下に任せられる仕事を見つけてくることが多いと思います。

そうやって任せながら育成ができてくると、先に案件があって、その案件に吸い寄せられるように任せる部下が現れるイメージになることが多いと思います。

丸投げのイメージが悪い理由

上司による「丸投げ」が悪いように言われるのは、部下がその任せられた仕事を能力的に処理できないか、あるいはその時の余力からして受けられないような場合が多いからだと思われます。

要は**上司が、部下のその時の余力や能力、意欲などをちゃんと判断して任せていないから、丸投げがうまくいかず、丸投げのイメージが悪くなる**のでしょう。

なお、部下に組織に貢献するという意識が薄い場合もありますが、それを含めて上司が任せる相手を選別しないといけないと思いますし、組織に貢献する意識が低い従業員が多い場合は、企業文化の問題になってきます。

任せる案件の「目的と意義」を明確にする

実際に任せるにあたっては、**任せる案件の目的と意義を明確にした上で、権限（自身で意思決定できる裁量）と責任を与えて、その内容を明確にして任せる**ことが大切です。

任せる案件の目的と意義を明確にするというのは、ただ単にお願いする作業を伝えるだけではなく、なぜその作業をするのか、その手順にするのはどういう意味があるのかということを明確に伝えるということです。

任せられたことの目的や意義がわかっていれば、任せられた者は、仕上がりのイメージを持てますし、やりがいを持って仕事に取り組むことができるでしょう。その案件がただの作業ではなくなります。

任せる側は、ついつい「これくらいはわかっているだろう」と思い、部下にそのあたりの説明を簡単に済ませがちですが、それではいけません。面倒臭がらずに丁寧なコミュニケーションを取ってください。

任せる案件の「権限と責任」を明確にする

任せるにあたっては、自分の裁量で意思決定できる権限の範囲を明確にすることが大事です。

任せられた側は、自分で進めていい事項と、自分単独の決定権がなく上司に相談しないといけない事項が明確になることで仕事がしやすくなります。

任せるにあたっては、部下に任せる案件の内容と目的を伝えた上で、部下からその案件の遂行にはどのような権限が必要かを聞き取りして、部下の裁量権の内容を決めていくといいと思います。

また、責任を取るとは、与えられた役割を果たすこと、結果が出せなかった時に必要な対応をすることを言います。

つまりやりきる責任（遂行責任）、説明責任、事後対応の責任、賠償責任です。

会社の業務として行う場合、必ずしも賠償責任を問われる訳ではありませんので、むしろ遂行責任や事後対応の責任が大事だと思います。

マイクロマネジメントの是非

権限と責任を与えたら、あとはマイクロマネジメントをせずに見守ることが大事だと思います。

もちろん、**報連相は受けられる体制にしておき、上司が動かなきゃいけなくなったらすぐに動けるようにはしておくとよい**でしょう。

もちろん、任せる相手と案件の内容を考えると、部下がまだ独り立ちして任せら

良い任せ方と悪い任せ方

〇 良い任せ方

目的　意義　権限　責任

を明確にする

× 悪い任せ方

部下の余力　能力　意欲

を正しく判断できていない

れるレベルに達していない場合もあり、部下の技量と案件の難易度の相関関係で上司の口出し具合も変わってくると思います。

基本的に、任せられる側からすると、自分の側から上司に相談しに行く場合は別として、自分で考えたことを上司に否定されたり、事細かに指示を受けたりするのは決して気持ちの良いものではありません。

モチベーションが下がってしまうでしょうし、このような上司のもとでは、**「自分から判断して動いたら上司に怒られる**

かも」と考えてしまい、指示待ちの部下ができあがってしまいますよね。

夫婦の家事分担の失敗は、任せる関係に活かせる

夫婦の間の家事分担をイメージすればわかりやすいと思います。

家事に不慣れな旦那さんが自分なりに考えて洗濯物を干したり、食器を洗ったりしても、奥さんから「このシャツの干し方は……」と事細かに否定されれば、旦那さんからしたら「必死でやったのに全て否定するなら自分でやってよ。俺は何もしないほうがいいよな」という気分になり、やる気を失うことがあると思います（汗）。

この話は、仕事の「任せる」関係に活かしてほしいのです。旦那さんは家事をすることで部下の気持ちがわかったはずです。

上司として自分がどういう指導をすれば部下がやりがいを持って仕事をしてくれるかを考える機会になることでしょう。奥さんも、仕事で部下を持っているのなら、

家事で旦那さんにするようなことをしていないでしょうか。お互いに考える機会になると思います。

初めて任せる人へのアドバイス

1 経営の悪化

任せることにはそれなりの覚悟が必要です。最初はうまく任せられないことが多く、かえって社長の手間が増えます。顧客からのクレームも増えます。

この段階では売上は増えないのに経費ばかり増えて経営が苦しくなります。経営の数字上は1人でやっているほうが良くなるでしょう。

ここで人に任せるのを止める人がたくさんいます。1人でやるのか、複数人でやるのか。事業をする上で、自分のやりたいことが根っこにあります。

挫けそうになった時は、自分のやりたいことに遡り、よく考えてみてください。何度失敗してもトライする粘り強さが必要になると思います。

任せることによる経営の悪化。その先にある景色は

この段階を乗り越えると1人でやっている時よりも売上が増え、利益率はケースバイケースですが利益額が増えます。

そうしますと、会社としての信用が増しますし、社長の仕事の内容、意識が変わってきます。

このように、任せて失敗しては、さらに任せることにトライして、**従業員が自走できる段階まで成長すれば経営は一気に楽になります。**

そこまで我慢できずに任せることを止めてしまう社長、上司がいかに多いことか。

そもそも従業員に任せて自分は何を目指そうとしていたのか、そこをよく考えて

みるといいでしょう。

あなたは、人を育てる気があるのか？

任せることがうまくいかない経営者に向けてこのように聞いてみたいです。

「人を育てる気があるのか？」

これはある意味核心を突いていて、ズシリと心に響いてくる経営者が多いと思います。

私のいる弁護士業界では、**人を育てる気がないという経営者弁護士が多数**います。

これは、業界内で、**仕事は１人でするもの、他人を雇うのは自分が楽をするためだと考えている弁護士が多い**ことに起因していると思います。

他の業界でも、従業員はその労働力を搾取する対象であって、従業員の成長は考えていないという空気感のある業界はたくさんあると想像します。

本当は**人を雇う目的は、経営理念、ビジョンを実現するため**にあるはずです。そのビジョンに向かって一緒にやっていく人を見つけるために人を雇っているはずです。

人を育てて、一緒に仕事をして、みんなで幸せになっていこうという気持ちになることが大きな一歩になると思います。

初めて任せる人へのアドバイス

2 顧客からのクレーム

先ほどお話をしましたが、任せることに慣れていない時や、部下の経験が浅い時は、顧客からクレームがつくことが比較的多くなります。

しかしそこで**自分が仕事を引き取ってしまうと、部下は成長しません。あくまでも担当者は部下であり、やり遂げさせることが部下の成長につながります。**

このような場合は、上司（経営者）からの顧客へのフォローが大事になります。

そこが上司（経営者）の腕の見せ所であり、上司（経営者）の仕事です。

私の場合、クライアントからクレームがついていたり、口には出さなくてもクライアントが担当弁護士に不安や不満を感じているのがわかった時は、私も打ち合わせに同席します。

クライアントの納得や安心感を得るよう努めつつも、担当者には打ち合わせに同席させ、あくまでもその担当者が仕事をやり遂げるように持っていきます。

場合によっては、私がクライアントに個別に電話をして細やかなフォローをすることで、いつの間にかクライアントが安心感を得るようになることがあります。

それでもどうしてもうまくいかない場合には、私が対応するようにして、また担当者に戻すことを繰り返します。このように部下に粘り強く任せ続けることをして少しずつ育てていくことが必要です。

あくまでも部下に自分が担当者として逃げずに対応させること、上司は陰に陽に顧客へのフォローをしておくことが大切です。粘り強くやっていくことです。

途中で任せることを諦めたくなることがありますが、仕事を外された部下は自信をなくしますし、上司は自分の仕事が増えてしまいます。いいことはありません。

気になってついつい口出ししてしまいます（汗）

部下に任せても、任せ切れずに途中で口出ししてしまうという声をよく聞きます。**見ると口出ししたくなる**というやつです。**自分のあるべき姿というのがあり、それと現状のズレに我慢できないのでしょう。**

あるいは、自分の子供に対して口うるさくしてしまうのと同じ感覚で、部下を子供と同じように見ているのかもしれませんね。

この対策としては、子供が巣立ってしまうと子離れせざるを得なくなるのと同じで、わざと現場から距離を置き、物理的に現場を見られなくすることも一つのやり方です。

ただし、見守りというよりも放置に近くなりますので、任せている間に取り返しのつかない事態になっている危険があります。要所要所で状況を確認することが肝要になります。

物理的に口出しできない状況を作るというやり方は、**任せることに慣れていない人が、考え方を変えるためにやってみるのがいいと思います。結果を見てみると、意外に部下たちがいい仕事をしていることを実感できることでしょう。**

そして、任せ続けていると、自分が自らやるよりも、部下たちがたくさんのこと、しかも質の良いことを生み出せていると感じる瞬間に出会うことがあります。そこまで我慢できるかというところですね。

敢えて動かないことで組織を動かす

こうして、任せ続けることによって、**上司が敢えて動かない**ことも大事ということがわかってきます。

上司が敢えて動かないことによって組織を動かしていくという感覚を掴むことがあります。

逆に、**上司が動くべきタイミングも見えてくるようになります。**

そうなったら、任せることが楽しくなります。是非そのような感覚を味わえるまで任せ続けてみてください。

いざという時に社長が動くために、必要なことは

社長は会社の精神的支柱であるとともに、最後に責任を取る立場にあります。ですので、従業員に仕事を任せるようになっても、いざという時には自ら動くという気構えが必要になります。

会社に重大な危機が迫り、このままでは多大な損害が発生するおそれがあり、任せた従業員では対処できそうにない場合は、自ら陣頭指揮を執って事にあたるべきです。まさに「動くべきタイミング」です。

あるいは適時適切なタイミングで従業員に声を掛けることも必要になります。社長がこのような働きをすることによって会社が守られるし、従業員からの社長に対する信頼感、会社への帰属意識が深まってくるのだと思います。

そして、**社長がいざという時に動くためには、予定を組み過ぎない**ことが大切になります。

予定が詰まっていると、いざという時に動く余白がなくなります。社長は、**意識的に「何も予定が入っていない時間」をスケジュールに組み込む**ことが有効です。

任せられる側からの本音

任せるにあたって権限と責任を明確にするということに関連して、任せられた部下がよく抱える悩みについて触れてみたいと思います。

任せられた権限の範囲が明確になっていなかったり、権限の範囲が狭い場合は、**任せられた側は、自分で判断していいのか不明確だったり、自分で判断できる事項が少なかったりします。**

そのため、迅速かつ自由な判断ができず、仕事にやりにくさを感じることがあります。何をするにもいちいちお伺いを立てなければならない……そういう感覚になりますよね。

任せてくれたほうが楽なのに……。これは、任せている側は、そういう意識がない場合があります。

頃合いをみて、任されている側は、任せる側の上司に仕事の進め方、権限の分配などについて話をしてみるといいと思います。

任せたあとは、見守る

また、社内での立場が比較的フラットな関係にある人たちの間で権限と責任が明確でない場合は、誰にどういう権限があるのかわからないので、部署の中でそれぞれが好きなことを言って方向性がバラバラになることがあります。

こうなると、一応の責任者となっている者は、「そこまで言うなら君たちが自分たちの責任でやってくれよ。私はもうこの案件から降りたい」という気持ちになることがあります。

このような場合、上司としては、責任者にちゃんとした権限を与えて、その責任者が自分の責任で決断して物事を進めていくことができるようにしてあげることが必要です。

中には、「もうこの案件から降りたい」という気持ちになってしまった責任者のモチベーションをリセットすることが難しく、責任者を交代させたほうがいい場合もあるでしょう。

任せた側は、任せられた側の事情というものに敏感になって、任せた業務の遂行を微調整していくことが大切です。「見守り」という感覚が当てはまると思います。

任せられない、貢献度の低い従業員をどうするのか

人にはそれぞれ個性があるように、組織への貢献度が低く、任せられない従業員が一定数存在することは事実です。

組織への貢献度が低い場合として考えられるのは、次の4つです。

①純粋に従業員の能力、スキルに問題がある場合
②教育が適切になされていなかった場合
③従業員の能力と適性が、上司から配転される仕事とうまくマッチしておらず、本人の強みを活かせていないだけで、他の仕事を与えれば活きるかもしれない場合
④従業員の個性や考え方が、会社の方針や社風にフィットしていない場合

②であれば教育をやり直すことが必要でしょう。
③なら配置転換をして上司から適切な仕事を配転してもらうようにすればいいでしょう。
④であればそもそもその会社で働き続けることが本人のためになるのか考え直す必要があります。

持ち味を活かす

問題は、①の純粋に能力やスキルに問題がある場合でしょう。

この場合に大事なのは、**「その従業員の持ち味を活かす」**ということではないでしょうか。人にはそれぞれ個性があるように、どの従業員にも必ず、持ち味、強みがあるはずです。

上司の中には、うまくいかないことへの苛立つ感情が混じって、その従業員の全てが嫌になってしまう人もいるかもしれません。そういう場合は、**上司を別の者に変えることで、新たな視点からその従業員を見てあげることが必要になるでしょう。**

その従業員の持ち味を見つければ、その持ち味を活かせる仕事を割り振ることになります。場合によっては、誰でもできる仕事を割り振って少しでも自信をつけてもらうことも考えられます。

能力やスキルに問題がある従業員でも、その持ち味を活かせるような仕事を割り振ることで、突破口が見えてくることが多いのは忘れないでください。

松下幸之助さんの著書には「持ち味を活かす」ということばが何度も出てきますが、私もこの手法で様々な人材を活かしてきました。

育成における、私の考え方

ここで私の採用と育成における基本的スタンスをお話ししたいと思います。

「うちの事務所に来てくれた者についてこちらから首を切ることはしたくない。少なくとも、亀のような歩みであれ、進歩の見られる者であれば、粘り強く指導していって一人前に育て上げたい」

私はこう考えています。

それと同時に、若手の従業員に対しては、次のような気持ちを持っています。

「人口減少、人材不足、若者の減少が顕著な島根県において、**若い者はこれからの島根県を背負っていく貴重な人材である**（もちろん、当事務所の人員構成からしても）。**そのような貴重な人材を預かっている以上、ここで社会からドロップアウトさせて、島根県の貴重な人材を喪失していくことは、人を預かる経営者として失格である。**

将来の島根県のためにも、日本のためにも、この若い人材を何とかして育てるのが私の責務ではないか」

これが私の粘り強い指導の源泉になっていると思います。

規律を守ることは、なぜ最重要なのか

貢献度の低い従業員であっても粘り強く指導していくのが私のスタンスです。た

だし、**組織の規律は守ってもらう**ということは欠かせない重要な決まり事です。

ここで、規律を守ることの大切さについて、私が所内の若手の弁護士に日常から指導していることをご紹介します。

「どんな組織にもルールがある。ルールを守れない者はその組織では生きていけない。」

これはうちに限らず社会のどこに出ても普遍の原理である。

仮に1人で独立しても、訴訟を起こすには裁判所のルールに従わないといけないし、法律に従うのは当然。あなたが事務所のルールを守らず、自分独自の考えでやっていくことは、それと同じことをしているのだ。

そして、ルールを守れない者は100%伸びない。周りからのアドバイスを受け入れず、自分の考えだけで勝手な仕事の進め方をしている者は絶対に伸びない。

ましてや**あなたのような新人や若手は、基本となる型ができていない。基本となる型がないのに自分の独自のやり方をしてもうまくいくはずがなく、周りからも認**

められない。

自分の独自の色を出していけるのは、基本となる型を身につけた上で、一応の仕事ができるようになった上でのことである。

基本ができていないのに、自分で勝手なことばかりしていては、伸びないばかりか、周りに迷惑ばかりかけることになる。この規律を守るということができなければ私が指導していくのは難しい」

このような指導をしています。

弁護士という〝生き物〟は、難しい司法試験を突破し、自分に自信があるので、最初から自分なりの考えで仕事を進めたい気持ちが強いようです。独自の考えでやろうとする人が悪いという訳ではなく、自分に対する妙な自信のある若手がとりがちな言動です。

しかし規律を守れないと、組織が乱れるのはもちろん、クライアントを始め、事件関係者に迷惑をかけることになりますので、これは認める訳にはいきません。

規律が守れないと組織は崩壊する

組織の規律は守ってもらうという点では、この事例では仕事がままならない者を取り上げましたが、逆に仕事はできるが規律を守れない者についても、同様です。人手不足、人材不足の世の中で、中小零細企業にとって仕事のできる従業員を簡単に切ることはできませんが、**規律が守れないと組織崩壊するおそれがありますので、そこは経営者が踏み込む場面**です。

経営者にとって、部下の尻拭いは苦痛です。それでも部下を育てる意識を持ち続けて、粘り強く育成していくしかありません。

ただし、組織の規律を守らない者については育成を諦めてリリースすることも考えるべきでしょう。組織の規律を守り、一生懸命に仕事に励んでくれるからこそ、経営者も育成する気になるのです。

第3章

「任せる経営者」になる前に、あなたがやるべき5つのこと

プレイヤーから経営者へ

事務所を法人化し、勤務弁護士が定着するに従って、私は広告塔かつマネジャーの役目が多くなりました。社長業としての業務をする時間が増えました。

事件処理については、決済業務が中心になったのと、私が初回相談や適宜の打ち合わせに同席する形にして、事件の方向性の決定や顧客向けの満足度を上げるようにしています。

私しかできないことにできるだけ集中しようという趣旨です。

他方で、できるだけ私が机に向かって起案（弁護士業界では、法律文書を作成することを「起案」と言っています）する時間を減らしています。

目線は自分中心ではなく、組織全体で考える

こうして私の事務所内での役割が変わってきて、自分の経営者としての仕事に悩みを感じていた2020年の初頭に、私と司法研修所の同期で、創業者として全国展開している弁護士法人の代表弁護士さんとお話しする機会がありました。

その弁護士さんから、次のようなアドバイスを受け、自分の中の迷いや考え方が転換しました。

「社長が『あの事件の起案どうしよう。どうやって処理しよう』とか考えながら事務所のドアを開けてはいけない。

間違いなく悩んで変な顔をしているはずで事務所全体の士気に影響を与える。社長が難しい顔をして起案しているだけでも事務所の雰囲気が悪くなる。

むしろ社長は社内では明るい顔をしながら職員の士気を上げるのが役割で、もち

ろん、各職員（弁護士を含む）の仕事ぶりをチェックしながら、適時適切に声掛けをしていかねばならない。

そのためには、**事件処理にフル稼働していると、社長としてのそのような役目を果たせなくなるので、役割分担の視点を明確に持つべきである**」

私が難しい顔をして10の仕事をして自分は満足しても、事務所全体で考えればどうでしょうか。例えば10人職員がいて1人当たり通常であれば5ずつ仕事をこなせるとした場合、私が全体の士気を高めていれば事務所全体として50かそれ以上の成果を上げられます。

でも、私がみんなの士気を下げてしまえば、事務所全体の生産性は落ちてしまいます。私自身が頑張って10の仕事をしても単なる自己満足に終わってしまいます。

経営者として、考え方の転換になりました。

目の前のお金を稼いでいないことへの葛藤

こうして2020年以降、部下に任せることが増えてくると、私の時間が空くようになりました。いわゆる「**部下に任せたら暇になった**」というやつです。**私が出張した時でも、事務所は私なしで現場の仕事が流れるようになりました。**

以前は、出張帰りの私の机は書類の山で、出張中でも事務所からメールや電話が山のようにあり、何をしに出張に来たのかわからなくなる状態でした。もちろん出張中にクライアントに電話することも多かったですし、メールの返事もしていました。

ところが今は、出張帰りでも私の机には何も書類がなく、事務所からの連絡も緊急案件以外は報告事項だけになりました。

拍子抜けで事務所に何かないか電話しても、特に決裁を求める事項はないとのこと。クライアントからのメールも他の弁護士が対応してくれます。

法律事務所の組織としてはとてもいい形で成長していることになりますが、私自身にはある種の葛藤が生まれました。

それは「**現場を離れて、目の前のお金を稼いでいない**」という思いです。

弁護士として、法律の専門家としてバリバリと目の前のお金を稼いでいた頃からすると、自分が目の前のお金を稼いでいないという状況は違和感がありました。

このような違和感から、私の頭の中で思索の旅が始まりました。当時の私の日記を少し長くなりますが、引用してみたいと思います。

現場に出ていてプレイヤーとして作業をしていると、仕事をした気分になり、自分も気持ちが良い。しかし、経営者になり、現場に出なくなり作業をしなくなると、突然時間を持て余して、仕事をしていない気分になることがある。

しかし、**社長は作業をしていないが、その分頭を動かして頭の中で汗をかいてい**

る。

そして、作業であれば、決められたことをすればよく、何をするのか考えなくてよい。そのやり方だけ考えればよい。だから忙しく作業をして仕事をした気分になる。社長は逆に作業をしない分、あくせくしない。頭を使いながら気遣い、気づきなどそちらに神経を尖らせている。

最近気づいたのは、社長業に教科書はないということ。**プレイヤーとして現場に出ている時は、やってきた案件をこなしたらいいだけ**で、何をやるかに頭を使わなくて、**案件をどう処理するかに頭を使う**だけである。

だけど、**社長業は、何をやるかに頭を使う。何をやるかなんて誰も教えてくれないから自分で考えるしかない。**それが難しくもあり、楽しいところである。**社長が現場に出なくても仕事がまわる組織を作ることがまず難しいけど、その組織ができたところから、本当の社長業が始まるのだ。**最近気づいた。

決められたことをやるだけっていかに楽か。やり方を考えたらいいだけだから。

決められたレールに乗る感じだ。逆に、**社長業にはルーティンワークはなく、日々やること、やるべきことを自分で考え、自分で責任を取る。**

社長は羅針盤のない中、どういう思いで何をやるかから自分の頭で考える。社長は何を決めて実行しようが、何をしても全て自分の責任。

社長業どころか、社長の日常の仕事、日常の過ごし方からして教科書がない。何をしても社長の仕事で全部自分に跳ね返ってくる。極端に言うと、今日1日何をして過ごすのか、プレイヤー的なことをするのかしないのか、マネジャーとしての仕事に徹するなら、日常でどのようなことをしていけばいいのか、自分で仕事としてやることを決める。何も机に向かってパソコンを打つのが社長の仕事とは限らない。遊んでいても、そこで何かの発想が浮かべば、それは社長としての仕事をやっていることになる。

社長は理念、**ビジョンを構築して従業員と共有するのが仕事の一つ**であるが、その理念やビジョンの構築の仕方は何も机に座っているから思いつくものではない。

いろいろな活動をしながら自然と思いついたり気づいたりするものであろうから、**日常の生活から常にアンテナを張っておく**ことが大切だと思う。机に向かうばかりが仕事ではなく、非定型な仕事だからこそ、社長業は周りに理解されにくいし、社長をやったことのある人間にしか理解されない部分があると思う。

社長業とは何なのか、マネジャーとしての仕事は何なのか、そもそも経営者の日常業務はどういうことをしたらいいのか、そこから考えていくことになる。

ビジョンや理念を構築し共有するという意味では、現場に出ているプレイヤーは目の前の仕事をどうやって処理していくかしか考えていない。目の前の仕事に忙殺されて、それ以外のことまで考えが及ばない。

逆に、**経営者は、現場に出ているプレイヤーと同じく目の前の仕事のことばかり考えているようでは、経営者としての仕事をしていない**と言える。存在価値が半減する。**経営者は会社の将来をどう構築していくかを考えることができる存在である。**会社の5年先、10年先を真剣に我が事として考えることができ、実際に考えているのは経営者だけである。経営者の存在価値はそこにある。

会社の将来を考えずに今の目の前の仕事だけに集中している社長は経営者というよりもただの決裁官と言ってもいいかもしれない。**社長は、従業員をうまく育て、仕事を任せることによって、目の前の仕事から解放され、会社の将来を考える時間的、精神的余裕ができるのである。**

社長は、何をおいても現場を任せられる体制を整え、そこから会社の将来のための業務に取り掛かることが大切である。

また、**経営者は自分の考えをしっかりと周りに伝えることが大事**で、口頭で伝えるだけではなく、後継者育成や後世に社長の考えを伝えるためにも、**自分の考えを文字化しておく**ことが必要である。

このような思索を巡らせながら、社長の仕事というものを私なりに考えてみました。

そうしますと、目の前のお金を稼いでいないという葛藤も、ある程度解決できました。逆に言えば、社長の仕事をしていないと社長失格と言えるかもしれません。

また、私のような専門職であったり、「会社の顔」としての社長の色が濃く、その社長が存在することで顧客が集まっている企業であれば、「**社長は自分が存在しているだけで稼いでいる**」ということも言えます。

この場合は、社長は健康体で会社の顔として生存していくことが、まずもって大事な仕事になります。

任せる社長になるために

1 ビジョン

ここからは、「任せていく」ために社長がやるべきことをお話ししたいと思います。

まずはビジョンです。このビジョンというのは、大きく3つに分けることができます。

ビジョン

① コアバリュー

会社の指針となる原則、会社を導く哲学、時代を超えて存続していくもの

② パーパス

組織が存在する根本的理由、会社の存在意義、会社として常に目指していくもの

③ ミッション

社運を賭けた大胆な目標、実現可能性のある明確なゴール

①コアバリュー　いわゆる経営理念

②パーパス（会社の存在意義）

③ミッション

①のコアバリューというのは、会社の指針となる原則、会社を導く哲学であり、時代を超えて存続していくものです。

②のパーパスは、組織が存在する根本的理由、会社の存在意義です。決して達成されることはありませんが、会社として常に目指していくものです。

③のミッションは、社運を賭けた大胆な目標というもので、実現可能性のある明確なゴールです。

要はこのビジョンというのは、組織に明確な目的、目標を示し、組織が一体となって進んでいくために必ず必要になるものです。

会社にとって必ず必要なものとはいえ、最初から立派な経営理念を打ち立てている経営者は少ないと思います。

むしろ最初は、自分のやりたいこと、欲望を剥き出しにしながら遮二無二働き、事業を大きくする過程で、経営理念の必要性に気づき、創業時の自分の心の奥底に存在する思いを取り出して、そこから経営理念やビジョンを導き出すことが多いのではないでしょうか。

遮二無二働けるということは、心の奥底に事業に対する創業者の思いがあるからこそできることで、そういう思いが薄い人は、凡庸な事業しかできないのかもしれません。

経営理念策定に対する思いを記録化しよう

ですから、経営者はどこかのタイミングで、自分の創業にかけた思いをことばにして、整理してみるといいと思います。

何人か集まって共同で創業した場合でなければ、合議ではなく創業者自身が単独で自分の思いを文字にしていくと、その思いがにじみ出て、周りに伝わりやすくなるでしょう。

創業者ではなく二代目以降の社長の場合、創業者から直接話を聞くことができるのであれば、創業にかけた思いを聞き経営理念に対する理解を深めることが有効です。

経営理念の策定に関わった人は、できれば経営理念に対する考え方や思いを文字や映像に残しておいて、後世の経営者が経営理念に対する理解を深めることができるようにしておくといいと思います。

社長の日々の言動がビジョンを体現するものとなる

「零細企業でも経営理念やビジョンは必要か？」というご質問を受けることがあります。

ビジョン、経営理念が組織を一つにして会社の進むべき方向を指し示すものである以上、企業の規模に関わらず必要なものです。

そして、社長の日々の言動が経営理念、ビジョンを体現するものとなる以上、**社長と従業員の距離が近い中小零細企業ほど、ビジョンが社内に浸透しやすい**と言えるでしょう。

社長の日々の言動が経営理念、ビジョンを体現するものとなるということは、社長はそういう意識で日々を過ごさないといけません。

ひょっとすると、従業員みんなで経営理念を唱和することよりも、社長の言動を気をつけることのほうが、社内に経営理念を浸透させやすいかもしれませんね。

2 経営計画

大企業においては毎期当たり前のように経営計画を策定・作成しますが、中小零細企業でも経営計画は毎期必ず策定・作成すべきです。

社長自ら計画を作ることで社長が頭の中で考えていることがクリアになりますし、従業員もそれを共有できるようになるからです。

もちろん、文字化しないといけません。**計画予定の決算書の数字の羅列だけではだめです。どれだけたどたどしい文章だったとしても、社長自ら文字化することに意義があります。**

そして、発表会をしましょう。社内だけでやってもいいですし、中には取引金融機関や支援してくださっている士業やコンサルタント、公的な支援機関を招いて行っている会社もあります。

儀式のようにホテルなどを借りて開催する企業もありますが、まずは、無理のないところで始めるといいでしょう。場所は社内で従業員向けに、あとは社外のお世話になっている方をお招きする程度でいいと思います。

人前で自分たちの計画を発表することで、計画に対する理解が深まり、組織が一つになりやすいです。とにかく、計画を策定・作成し、人前で発表するという行動をすることが何よりも大事になります。

他人に立ててもらいっ放しはいけません

中には、コンサルタントなどに計画を立ててもらって、立ててもらいっ放しにしている会社がたくさんあります。

計画はそれをいかに実践するか、実践した上で自社用にモディファイする作業が

大事なのです。

おそらく、専門家に作ってもらった経営計画書は分厚いものになりやすく、読むだけで精一杯で、それを理解すること、理解したものを自分たちで実践するところまでは手がまわらないのだと思います。

先ほどもお話ししましたが、個人的には、コンサルタントに作ってもらうのではなく、社長が自分で試行錯誤して作ったほうがよく、コンサルタントにはその過程でアドバイスを受ける形が良いと思います。

どれだけ稚拙なものであったとしても、社長が自ら苦労して作った経営計画は会社の血肉となっていくでしょう。

任せる社長になるために

3 採用

多くの経営者が認識しておられる通り、育成の前提として思うような人材を採用できるかが大事で、「**育成の8割は採用にかかっている**」という方もおられます。

スキルの高い人材、いわゆる「優秀な人材」を採用するには、会社の業績を上げ、知名度をアップさせることが、最初のハードルだと思います。

そこから先の規模の大きい、有力企業間の争いでは別の要素も絡んできますので、この本の読者の多くを占めるであろう中小零細企業の経営者の方々の悩みにフォーカスしてお話を進めたいと思います。

複数人の目で判断しましょう

昨今の人手不足から人材を募集しても、思うような人材を採用できないことが多くなっていると思います。

応募者の絶対数が減り、それだけこちらの思うような人材が応募してくる確率が下がります。

そのような時にいい人材がいないという理由で、採用を見送れば採用ゼロという事態になることが珍しくありません。

中小零細企業の経営者は、そこの葛藤の中、少々妥協してでも採用するか悩みに悩まれることが多いでしょう。

このような場合は、社長が1人で悩まずに、例えば採用後一緒に仕事をすることになるであろう者、配属予定の部署の責任者の意見を聞いたりしてみるとよいでしょう。

社長以外の複数の目を通すというのは大切です。社長に見えていなかった観点からの指摘が入ることがあり、採否の判断材料だけでなく、入社後の業務内容や働き方の参考になることがあります。

無理して口当たりのいいことを言うのはよくありません

採用面接時に、応募者に入社してもらいたいばかりに、口当たりのいいこと、応募者が喜ぶであろうことばかり話して採用するのはよくありません。

入社後に面接時の話と違うということで早期退職に至ることが多いです。

例えば、我が社は経営理念に基づきこんなことをしているなど、会社として譲れない大切なことはしっかり伝えるべきです。応募者からすると少し怯《ひる》むかもしれないようなことは、ちゃんと伝えることが大事です。

採用後に、辞めてもらったほうがいい人材であることが判明した場合、退職に至るまでの精神的、金銭的損害は多大なものがあります。

他の従業員に影響があることもあります。採用段階で不採用にすれば何もなかったことになりますので、無理して採用すると後が大変だということを常に頭に入れておいてください。

「御社の経営理念に共感しました！」

それから、採用面接時に、「御社の経営理念に共感しました！」と発言する応募者がよくいると思います。**採用経験の少ない社長からすると、それだけで嬉しくなり、即採用したくなることがあります。**

しかし、この発言に騙されてはいけません。応募者は、会社のホームページなどを読んでちゃんと会社のことを調べてきたことをアピールしたいだけで、**経営理念をただ単に字ずらだけ読んで発言している可能性があります。**

かくいう私もすぐに採用したくなって、他の採用担当者から前のめりになる私を止めてもらったことがあります。

こういう場合は、経営理念に共感するに至ったエピソードを質問してみたり、社長や採用担当者から、経営理念に基づく行動指針や行動例、経営理念に基づく経営判断などを話してみて応募者の反応を見てみるといいと思います。

これにより、応募者はその場は取り繕っても、内心では「この会社は自分に合わないだろうな」と感じて自分から去っていくことがあります。また、採用する側もそのあたりは空気感などから見抜けることがあります。

自分の力を売るという感覚

待遇面については、給与の金額はさることながら、それ以外にも、業界の慣行などから大きく2つに分かれるような考え方（例えば法律事務所であれば個人受任※を認めるかなど）は、その取扱いを自社の中できちんと決めておくことが大事です。

経営者に迷いがあって、面接時に応募者が喜ぶようなことを言ったがやはり違うと思った時にトラブルになります。

ありがちなのは、若者は組織でちゃんとした形で働いたことがなく、**自分の力を売るみたいな感覚でいる応募者が多い**です。かつての私もそうでした（だから私も開業当初は弁護士を雇いたくありませんでした）。

しかし入社後、会社の社風に馴染めず辞めていく者が多いです。そのあたりの意識付けをした上で入社してもらうことが大切でしょう。

※法律事務所における個人受任というのは、勤務弁護士が法律事務所に勤務しつつも、事務所とではなくその弁護士が顧客と直接契約を結び、収入は弁護士個人に帰属するようにする仕事の仕方を言います。事務所の経営資源を使ってその業務を遂行します。個人受任をしていても事務所からは合意した定額の給料が支払われます。クライアントからすると、直接契約する相手はその弁護士ですが、その所属する事務所に仕事を頼んだ感覚でいるので、その弁護士と顧客が揉めた場合には事務所も巻き込まれますし、事務所の事件と個人事件のバランスが崩れ事務所内で揉めることもあります。業界全体としては個人受任を認める事務所が多いですが、今後変わっていきそうな感じはあります。

任せる社長になるために

4 昇進・報酬・評価

通常、企業における出世の形は、プレイヤーとしてそれなりの結果を出し、管理職になることでしょう。そして、給料も管理職に昇進することによって大きくアップしていくというシステムになっていることが多いと思います。このシステム自体が悪いという訳ではありません。

ここで考えたいのは、「**出世の形は管理職になることだけでしょうか**」ということです。

専門職の昇進昇格

中には、**優秀なプレイヤーであっても管理職になることを望まない者が一定数います**。そういう管理職になることを望まない者には、別の形でキャリアパスを用意しなくていいのでしょうか。

例えば、弁護士や医師などの国家資格でご飯を食べていく職種、技術者などの専門職の場合、**専門家としての技能を高めていくことに喜びを感じている**人がたくさんいます。

その人たちは、**社内での昇進昇格よりも、専門家としての自分の仕事の成果を社内外で評価してもらうことにやりがい**を感じています。

彼らは、簡単で儲かる仕事よりも、難しい仕事、専門家としての自分を評価してもらったからこそ依頼が来た仕事、新たな挑戦になる仕事のほうを好みます。

専門家としての成長を求めており、**煩わしい人間関係の調整なども業務に含まれる管理職にはなりたくない**のです。

もちろん、彼らも社会人として自分や家族を養っていかねばならない以上、専門家の道を究めさせてもらえれば安い報酬でもいい訳ではありません。自分の専門家としての仕事の成果を報酬として受け取りたいと考えています。

専門家としての価値を認めた処遇が必要

このような志向を持つ専門職の従業員に、高い給料が欲しければ管理職になるしかないと会社の方針を突きつけてしまうと、彼らはどうするでしょう。

他の専門職としての価値を認めた給料を出してくれる会社に転職したり、自分の技術をフルに活かせるように起業したりするでしょう（ただし、起業で成功するには、専門職としての自分を支えてくれる管理職が右腕として必要と思われます）。

会社としては、自社がそういう決まりで運営している以上、専門職のわがままととらえ、転職するのもやむを得ないという考え方もあります。しかし、会社に優秀な専門職がいなくなれば、会社の成長に限界が見えてきます。やはり何らかの形で専門職をつなぎ止めることが必要でしょう。

そこで考えられるのは、**昇進昇格に興味のない専門職には、その専門職プレイヤーとしての成果に対する報酬を、会社の制度として支給していく**ことです。

そして、その功績を社内で表彰します。また、社会で何らかの受賞をして、その成果を認められる可能性があれば、その受賞をバックアップしてあげるなどの対応をするとよいでしょう。

専門職プレイヤーとは

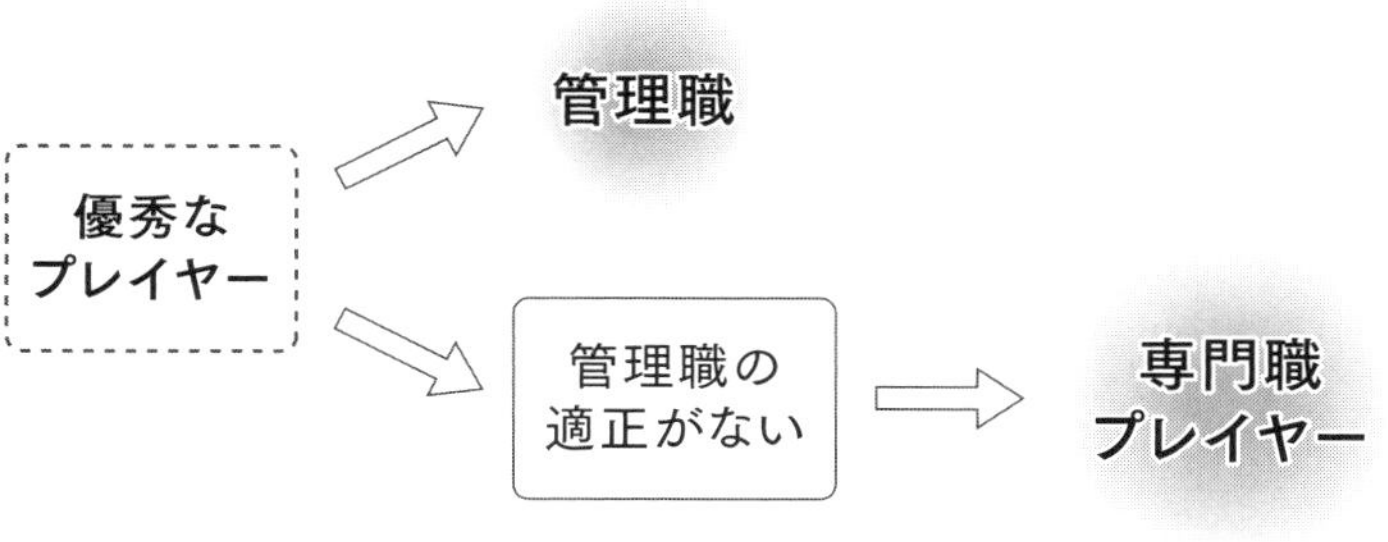

専門職に対する処遇については、彼らの専門家としての血、DNAを理解しておくといいでしょう。

現場を社内の弁護士に任せることが多くなった私でさえ、専門家としての自分の価値を認めてもらい、それが理由で依頼があった仕事は嬉しく思い、血が騒ぎます。

管理職には向き不向きがある

専門職としての従業員でなくても、**管理職には向き不向きがあります。プレイ**

ヤーとして優秀だったからといって、管理職としてうまくいくとは限りません。

経営者としては、**優秀なプレイヤーだからこそ、その持っている技能を他の職員に伝承していってほしいと思い、指導役として管理職に就けます。**

しかし、いざ管理職に就けたら、部下の失敗を責めるばかりで、管理職としての成果を上げられない――。その職員が管轄する部署は人の出入りが激しく、仕方なくその職員がプレイヤーとして自分で仕事を穴埋めしてしまうなど、部署として機能していないこともあります。

本人の性格的な問題や、仕事に対する考え方が指導者のそれではない場合などの原因が考えられます。経営者がその職員と面談し、改善策を採ったとしても効果が出ない場合は、**どこかで見切りをつけて方向転換してあげる**ことが必要になります。おそらくその職員は管理職に向いていないのです。

経営者はそれを見切る洞察力をつける必要がありますし、見切るには経験を積まないといけないでしょう。

プレイヤーとしての力を発揮できる職務・地位を与える

おそらく、その職員も自分が管理職に向いていないことは感じているでしょうから、本人が耐えきれなくなる前に方向転換してあげないといけません。方向転換するタイミングはとても重要です。

さらには、**方向転換後のその職員の職務内容と地位をどうするか**はとても大事です。

その職員はプレイヤーとしては優秀なのですから、そのプライドを傷つけずに新たな職務と地位を与え、その能力を活かしてもらいたいところです。

5 ブランディング

世間では、ブランド力をつけるためにどうしたらいいのか、各種セミナーやコンサルティングが盛んに行われ、それに基づく施策が地域をあげて行われたりします。また、具体的なブランド力をつける方法は各業界、商圏、自社の経営資源などによって十人十色です。

ブランドとはいったい何だろう?

では、ブランド力をつける施策を考える前に、そもそもブランドとはいったい何でしょう。また、ブランド力があることによる効果はどのようなものでしょうか。

一度整理してみましょう。
まず、ブランドとは以下のようなものだと考えられます。

①顧客ロイヤリティが高い状態
ロイヤリティが高い顧客をファンと言い、ファンとしてその会社や商品を応援してくれる

②自社のことを識別させ、他と差別することで、自社に顧客を惹きつける力
顧客の心に焼印をつけること

③顧客や世間からの信頼
知名度、仕事のクオリティに対する信頼、ここに相談すれば何とかしてくれるという信頼

ブランドがもたらすメリットと効果

このようなブランドがあることでどのような効果があるでしょうか。

①価格戦略が有利になる

値引きされにくい、高めの金額設定が可能になる（相場より高いプレミアム価格でも選ばれ、利益率も高くなる）

②成約可能性が高くなる

ブランドに惹きつけられ、契約してくれやすくなる（市場で差別化ができ、比較検討されずに選ばれるようになる。「弁護士に頼むならここ」「ここを選べば間違いない」など）

③受注機会が増える

取り立てて営業活動をしなくても、ブランドに惹きつけられて、顧客側から寄ってきてくれる。紹介やリピートが増える。売り込みをしなくても売れるよう

ブランドがもたらすメリットと効果

① 価格戦略が有利になる

② 成約可能性が高くなる

③ 受注機会が増える

④ 顧客忠誠心が高くなる

⑤ 信頼できるアライアンスを構築できる機会が広がる

⑥ 知覚品質が高くなる

になる

④ **顧客忠誠心が高くなる**

ブランドに惹きつけられ、納得して契約してくれやすくなるので、クレームが少なくなる

⑤ **信頼できるアライアンスを構築できる機会が広がる**

ブランドに惹きつけられ、良い人、良い企業が集まってくる

⑥ **知覚品質が高くなる**

知覚品質とは、顧客がそのブランドに対して抱いている品質のイメージのこと（実際の品質ではなく、顧客のイメージの中にあるイメージの品質）。これ

が高いと顧客から選ばれやすくなる（目隠しして、食べ物の味を食べ比べてみる実験）

どうでしょう。ブランドの中身と効果を整理してみると、自社のブランド戦略を立てやすくなりませんか。

ブランド力をつけるための基本的考え方

ブランド力のある商品やサービスを作るためには、何か新しい革新的なことをしないといけないと考えがちです。

しかし、ブランド力というのはそのような特別なことをしないとつかないのでしょうか。私はそうではなく、仕事を早くする、きちんとした仕事をするなど商売人であれば当たり前のこと、顧客目線に立ったサービスを展開すれば、かなりの高い確率で成功すると考えます。

商売の基本は**自分が顧客であればしてほしいことを実践する**ことです。

顧客がしてほしいことを追求した結果、真新しい商品を開発できれば、それを活かして他社の商品と差別化し、ファンを増やすことでブランド化できるはずです。

また、自社の商圏内できちんとした仕事をする企業が少なければ、何も真新しいことをしなくてもよいのです。**きちんとした仕事をしていけば、自ずと自社の仕事に対する顧客や世間からの信頼が生まれ、ブランド力がついてきます。**

要は、自社の立ち位置を冷静に見極め、他社の商品と差別化し、自社の仕事に対する信頼を得てファンを獲得できるようにしていくことです。それがブランド戦略の基本だと思います。

地方におけるブランド戦略

ここで、地方におけるブランド戦略について少しお話しさせていただきます。

まずありがちなのは、セミナーやコンサルタントからアイデアを仕入れてきた、**都会で流行っているビジネスモデルを先進的だからといって、そのまま持ち込むことです。これは失敗する確率が高い**です。

その商圏や顧客層、土地の風土などを考慮すれば、都会と同じやり方が通用するはずはありません。自社の商圏の特徴や顧客層を考えて変容させなければならないのです。

人口30万人が匿名性の分水嶺

ブランド戦略という観点で私が考える、**都会と地方での最大の違いは、匿名性の有無**です。どこかで聞いた話では、都市人口30万人が匿名性の分水嶺だそうです。匿名性のない社会では、日々の生活で何か行動したら、すぐにどこの誰だか知られてしまいます。

都会の人からはわかりにくいかもしれませんが、一学年200〜300人規模の高校での生活を思い浮かべていただくとよいでしょう。直接話したことがない人でも、何組の誰だか知っていますよね。そのノリが地方都市での生活だと思ってください。

匿名性のない社会でのブランド戦略

何が言いたいのかというと、**地方では匿名性がなく、その会社の事業の様子や社長の言動、さらには従業員の立ち振る舞いが世間に知れてしまいます。**

逆に言えば、そこで**ちゃんとした言動、立ち振る舞いをしておくことで、その地域での評判は高くなる**のです。

狭い世界であるほど、良い評判も悪い評判もあっという間に広がってしまいます。だからこそ、社長を中心にちゃんとした言動を心がけることで会社の評判は良くなり、ひいてはそれが会社のブランドにもつながってきます。

とても単純な話ではありますが、いざそれを実行しようとすると簡単にはいきません。やはり、日々の言動や生活がちゃらんぽらんな人が、人前で評判を高めるために「いい人ぶって」もそれは無理しているだけです。本人はつらいし、周りにもそれはわかります。

社長の地位が人格を磨く

いい人ぶらなくても、自然にちゃんとした言動をするためには、人格を磨いていていくしかありません。

「自分は育ちが悪いから無理だ」と言う人がいるかもしれませんが、**人格の基本は、他人への思いやりを持って、ルールを守り、正直で一生懸命であること**だと私は考えます。

そしてこれはトレーニングを積めば形になってくるように思います。特に**社長ともなれば、その地位が人を磨く**ことになります。

私の周りでも、社長になりたての頃はそうでもなかった人が、いつの間にか社長としての言動を身につけておられて、地位が人を成長させるのだということを感じさせられたことがあります。

まずは社長の人格を磨くことで、それが従業員に伝わってくると思いますので、社長はそういう意識を持って日々生活してほしいです。

それから、**ブランド力がつくと、人の採用においても競争優位性が出てきます。**

是非、社長の人格を磨いて、ブランド力をつけてください。

第4章

知らないと困る、会社を守るための9つの心得

社長と従業員では見えている世界が違う

社長は会社で起こる全てのことに対して責任を負います。それゆえに社長は広範かつ強大な権限を有します。

そのような責任と権限の構造的差異から、社長と従業員では見えている世界が違うのです。少し説明します。

社長は、基本的に会社の債務に対して連帯保証債務を背負わされます。そうしますと、社長は会社の債務から逃げることができなくなります。

他方で、従業員はそのような負担を負うことは通常ありません。これだけみても、社長と従業員では背負っている責任の質と大きさが全く違います。

また、**社長は会社を自分の一部のように考え、四六時中会社のことを考え、日夜仕事に励んでいます。**事業をする以上それが当たり前の気持ちになっており、ともすれば従業員に対してもそれくらいの意気込みを求めてしまいます。

しかし、**従業員はやりがいなどを求めているにしても、生活の糧を得るために仕事をしており、社長ほどの意気込みはありません。**社長と従業員とでは、会社の行く末に対する覚悟が違うのです。

このように、**社長と従業員では、事業に対する責任と覚悟が違うので、自ずと見えている世界が違ってきます。**

社長は、従業員にも経営者目線で日々過ごしてほしい気持ちになりますが、そのような違いがある以上、本質的には同じ目線で同じものを見ていくのは難しいのかもしれません。

給料を払えなくなっても従業員はついてきてくれるのか？

わかりやすい例を示します。従業員が会社のビジョンに共感し、いい雰囲気で事業に取り組んでいる会社があるとします。

しかし経営状況が傾くようになり、給料の遅配や未払いが発生するようになるとどうなるでしょう。

社長としては、「経営が苦しい以上、給料が遅れても仕方がない。ビジョンのもとみんなが一つになっているのでこの難局を乗り切ろう」と考えて、自分だけでなく従業員にも給料の遅配を受け入れてもらおうとします。

しかし、**従業員からすれば、「生活の糧として働いているのだから、給料は払ってもらわないと困る」**と考えるので、給料を払ってもらえないのなら辞めていく者が出てきます。

従業員には、「給料をもらえなくてもビジョンのために働き続けよう」という覚悟

はありません。一生懸命働きたい気持ちはあっても、お金の話は別問題です。

従業員の頑張りに感謝することを忘れない

社長としては、信じたくない事実ではありますが、当たり前のことです。**本当の意味で、会社経営にコミットしているのは社長しかいません**（社長は会社の経営から逃げることはできません）。そういうところから、社長は孤独を感じます。

社長という立場から負う責任と権限は従業員のそれとは構造的に違いますので、本質的に自分と同じ目線と意気込みで仕事をしてくれる人はいないという厳然たる事実を飲み込んでください。

孤独を味わいながらも、それでも、自分の置かれた立場で精一杯働いてくれる従業員がこんなにいるのだということに感謝しながら、日々の業務に取り組むことが大事だと思います。

1 コンプライアンス

品質不正、産地偽装、粉飾決算、補助金不正受給、保険金不正請求、個人情報の漏洩……。世の中では様々な不祥事が起こっていますが、企業活動におけるコンプライアンスの重要性は言うまでもありません。

会社を守るために知っておくべきこととして、最初にコンプライアンスについてお話ししていきます。

中小零細企業における不祥事の特徴

不祥事の原因は組織内の過度のインセンティブや上司からの圧力、問題点を指摘しにくい社内風土、金銭的困窮など様々ですが、大企業ではどちらかと言えば**組織の事情が原因になっている**ことが多いです。

これに対して、中小零細企業では、金銭的困窮など不祥事を起こした**個人の理由が原因になっている**ことが多いです。

個人の中には社長も含まれ、社長個人の決断や行動が直接結びついていることもあります。このあたりは、**組織の大きさによって個人が会社に及ぼすことができる影響力の違いがあり、組織が小さくなるほど、個人の行為が組織全体に影響を及ぼします。**

そして、中小零細企業における不祥事の特徴としては、次の2つの場合が多いです。

①社長個人が食品の産地偽装を決断するなど、社長の決断一つで不祥事が起こること

② ある業務が不祥事を働いた従業員個人の属人的業務になっていて、その従業員以外からのチェックがなかった場合に起こること

例えば、中小零細企業においては、経理担当者による会社資金の横領や詐欺が起こりやすく、弁護士のもとにはこの手の相談依頼は結構あります。

そして、**十中八九経理担当者が1人で仕事をしていて、経理を誰もチェックしていないことが多いです。**

経理担当者の仕事を誰かがチェックしていれば横領は起こらなかったはずです。

大企業で働く人からすると信じられないことかもしれませんが、中小零細企業においては普通にある話です。

経理をみられる人が他にいなければ、社長自身が自ら仕訳日記帳、場合によっては証憑《しょうひょう》書類までチェックしておけばいいはずです。

社長の仕事が増えてしまいますが、これをすることで**経理の不祥事を防げるばか**

りか、自社の業務フローやお金の流れが見えてきます。それなりに意味のあること
だと思います。

企業にとって紛争に巻き込まれることの意味

最近は、社内でセクハラやパワハラなどのハラスメントが起こった場合の賠償金支払のための保険商品が出ているそうです。

中には、実際にハラスメント案件が生じた時に裁判などで支払うことになる賠償金の相場と、加入する保険料との比較で、保険に加入すべきかどうかという相談を受けることもあります。

しかしここで大事なのは、**ハラスメント不祥事は、保険加入で賠償金を賄うことよりも、セクハラで賠償金を請求されることで、社内が混乱することそのもののほ**

ではありません。

うが、**影響が大きい**ということです。保険に加入したら片付くというレベルの問題

私がお付き合いしているある社長さんのことばで、印象に残っているものがあります。それは、次のことばです。

「裁判は勝つことが大事なのではなく、中小零細企業にとっては、訴えられること自体が負けである。訴訟の勝敗ではない」

企業にとっては、裁判に訴えられることで、社内が動揺するだけでなく、仮に請求されている金額がその会社の財務状況からして影響の少ない金額であっても、訴訟対応のために費やす時間や人手が大きな損失です。

しかも何らかの不祥事絡みであれば、そのような訴訟に巻き込まれたこと自体が社内外の評判や社内の統制に影響を与える可能性があります。

仮に勝訴したとしても、人々の記憶には、「あの会社は○○の不祥事で訴えられていた」ということが残り、訴訟の勝ち負けはあまり関係ありません。

訴えられないようにするために弁護士と付き合っている

ですから、その社長さんからは、このように言われました。

「顧問弁護士には、訴えられないように、紛争に巻き込まれないように予防法務に力を入れてほしい。裁判で勝つために弁護士と付き合っているのではなく、訴えられないように弁護士と付き合っているのだよ」

私にとっては、今後の弁護士業務の力点を教えていただいた大切なことばでした。

企業におけるガバナンスのあり方

上場企業においては、例えばコーポレートガバナンス・コード[※]（企業統治指針）において、東証プライム市場上場企業に対して、全取締役のうち独立社外取締役を3分の1以上選任することを求められるなど、ガバナンスを強化する施策が進められています。

要は、社長のワンマンではなく、第三者、それも社外の第三者の監視の目を効かせようということだと思います。

※コーポレートガバナンス・コードとは、コーポレートガバナンスを実現するために必要な原則を金融庁と東京証券取引所が合同で取りまとめた「上場企業統治指針」のことを言います。

上場企業は「株主と役員が役割分担」

このようにして、上場企業では、会社に出資した株主、経営を決定する取締役会、執行する経営陣と役割分担が明確になっています。

いわゆる「**所有と経営の分離**」で、会社に出資する者と経営する者は別ということです。

中小零細企業は「俺の会社」

他方、中小零細企業ではどうでしょう。

中小零細企業では上場企業のような所有と経営の分離はほとんどなく、**株主も経営者も同じ者**がやっています。

平たく言うと、社長にとって、会社は「**俺の会社**」であり、会社の経営理念は「**俺のフィロソフィ**」です。特に創業社長にとって、**自分の会社は自分自身であり、あるいは自分の産んだ子供**なのです。

では、このような中小零細企業においても、上場企業と同様に何らかのガバナンスを効かせるべきなのでしょうか。

「ガバナンス？　社外取締役とか外部から訳のわからんやつが来て、会社をかき回されたら困る。ワシは会社の保証債務も負っとる。いい時はもちろん、悪い時は身ぐるみを剥がされて、ワシが全責任を負わんといかんのや。無責任に周りからとやかく言われたくない」

これが、中小零細企業の経営者の本音ではないでしょうか。

どんな商売も公共性を帯びている

ただ、忘れてはならないのは、いくら中小零細で株主も役員も自分だけか、もしくは自分の家族だけであったとしても、会社には、従業員がいて、さらに取引先や仕入れ先など様々な関係先があります。**自分たちだけで商売が完結することはありえない**ということです。

商売は少なからず、何らかの公共性を帯びるのです。

そういう意味では、**中小零細企業であっても、何らかのガバナンスを効かせる必要がある**と言えます。

中小零細企業におけるガバナンスはいかに？

私が思いますに、中小零細企業は「**社長のワンマン**」でいいのです。社長がやりたい放題やればいいんです。

全ての責任は社長が負う訳ですから、**社長がやりたい放題、自分の責任で決断して悔いのないようにやっていい**と思います。社長のその溢れるようなパワーが会社を支えているのです。

しかも**ワンマン（自分で決断し自分で責任を負う）**だからこそ、そのパワーは倍増しているのだと思います。上場企業のような統治体制は、中小零細企業には相応しくないと考えます。

ただし、**社長のやりたい放題は、自分の私利私欲に基づいたものであってはなりません。**私利私欲に基づくものだと、周りの共感が得られず必ず破たんします。

社長は自分の会社や事業に対して壮大な夢を持っています。ただ、その夢は何らかの公共性を持ったものであるべきです。従業員の幸せであったり、社会の人々にとって何らかの幸せをもたらすものでないといけないでしょう。

社長はやりたい放題やっていいのですが、そこには社長の人間力が伴っているものでないといけません。社長は常に心を高めて、清らかな、かつ熱い心で経営にあたるべきです。それが中小零細企業におけるガバナンスというものではないでしょうか。

周りからとやかく言われるのではなく、自分自身で心を高めて、自分で自分を統制しないといけないのです。

周りから統制をかけてくれる上場企業の社長業に比べて、中小零細企業の社長という仕事は余程難しいと思います。

コンプライアンスを守るためには？

中小零細企業におけるコンプライアンス遵守の方法は、これまでお話ししました通り、まず**社長自身が自分の言動を清く正しく規律する**ということです。

そして、**自分で規律できない社長は、社員や取引先など周りから自分の言動をしっかり見守ってもらい、諫言も厭わない人間関係を作っていく**ことが大切だと思います。

中小零細企業においてはお互いのことを把握するのが一番

次に社員個人による不祥事については、先ほどお話ししました通り、**従業員個人の属人的業務を作らない、ダブルチェックをする**ということが大事だと思います。

また、**従業員相互や、上司と部下の間でマメなコミュニケーションを取ることで、お互いの状況を共有する**ことも大切になります。

他の者の状況を把握することで、何らかの不祥事が発生しそうならそれに気づいて未然に防げるからです。

そして、**不正をしたくてもできない仕組みを作るのが社長の仕事**だと思います。

先ほどお話ししましたダブルチェックなどはまさにそれで、少しの努力で大きな不祥事を防げるのです。

社長のアンテナはそういうところにも張り巡らせておいてください。

会社を守る心得

2 資金繰りと内部留保

最近、上場企業においては、日本企業の内部留保の多さがやり玉に挙げられていて、「配当や買い取りによって株主に還元するように」や、「お金を寝かせないで投資をもっと積極的にするように」と言われることが多くなりました。

では、この理《ことわり》を中小零細企業においても同様に考えていいのでしょうか。

事業継続ができなくなる時はどういう場合か

企業が事業継続を諦め、自己破産せざるを得なくなる場合とはどのような場合でしょうか。

それは端的に言って、資金が尽きた時です。

各種の支払に充てる資金が足りないので、職員への給料を払えず職員が辞めていく、仕入先に代金を払えずに材料を仕入れられない、税金や社会保険料を滞納して金目の財産を差し押さえられた、銀行の借入金を滞納して口座を凍結されたなどにより、事業を続けられなくなった時は、企業としては自己破産を選択するなりして事業の継続を断念せざるを得なくなります。

逆に言えば、**いくら大きな赤字を出していても、支払に充てる資金が残っていれば事業を継続することができます。**

赤字が続けばいつか資金が尽きますが、資金が残っているうちは経営改善策を考える猶予があります。

内部留保は厚く

このように考えると、**潤沢な現預金を貯めておくことは事業を継続するために絶対的に必要**なことです。

ましてや、事業基盤が弱い中小零細企業にとっては、いくら寝かせているお金になったとしても、資金を貯めておくことは会社を生き残らせるためのリスク対策になるのです。

上場企業において内部留保が叩かれていると言って中小零細企業で同じことをしてはいけません。

利益が出れば無駄なことにお金を使わず預金する。さらに、銀行との関係を良好にして借り入れを上手に利用するなど、資金が尽きないような経営をしていただきたいです。

松下幸之助さんが提唱したダム※経営の考え方は現代においても生きているのです。

※ダム経営とは、資金に余裕を持った経営であり、できる時には可能な限り余力をダムに貯め込み、困難な時には貯まったダムの水を少しずつ放水するようにして事業が継続できるようにする経営

個人事業主と法人化

内部留保を厚くすることと関連して、個人事業主のままか、法人化するのかについてお話ししたいと思います。

私は、個人事業主で事業をそれなりに大きくされてきた方から、法人化するかどうか迷っているという質問を受けることがあります。

個人事業主か法人化かという論点については、社会保険がどうなるとか、税金がどうなるかなど、各種検討しなければならない要素がありますが、私が一番大きいと考えるのは、法人化すると事業で得たお金は会社のお金になるという点です。

つまり、**ダム経営を意識して、いくらお金を貯めても、個人事業主であればそれは経営者のお金に過ぎませんが、法人化すると、その貯めたお金は会社のお金になる**のです。

この点について、私の経験を少しお話しさせていただきます。

私は個人事業主時代から、ダム経営の教えを実践するように内部留保を貯めるよう努めてきました。

従業員にも、「何かあっても給料が払えるよう内部留保をしっかり貯めるようにしている」と言い続けてきました。

とはいえ、他方では、個人事業主である以上、私がいくらお金を貯めても、それは「井上家個人の資産が貯まるだけ」という側面もあり、そこには矛盾を感じておりました。

もちろん、経営が苦しくなった場合は「井上銀行」という井上家個人の資産から運転資金を賄う覚悟はありましたが、井上家個人の資産が貯まっているという事実は変えようがなく、実際にも住宅ローンの繰り上げ返済に相当額の資金が流れていた事実がありました。

このような中、法人化することで、井上家個人の資産と弁護士法人の資産とが峻別することが可能となり、形の上でもダム経営が可能な状況になったのです。

従業員に対しても、堂々と内部留保の大切さを説くことができ、ダム経営をすることに対する自分の中での覚悟ができたと思います。

ですので、法人化するか悩んでおられる方は、このような視点で考えてみるとヒントが得られると思います。

個人事業主は破産しても公租公課は免責されない

それから、弁護士ならではの視点から少しお話しさせていただきます。

経営が行き詰って**自己破産することになった時、事業で発生して滞納している公租公課（税金や社会保険料など）の扱いが個人事業主と法人で異なります。**

自己破産すると、破産者は一部の例外を除いて負っていた債務を免責（法律上の支払義務を免れます）されることになります。

免責されない一部の例外として、公租公課の滞納分があります。つまり、**公租公課の滞納分は自己破産しても免責されないのです（非免責債権）**。

個人事業主が自己破産することになった場合、公租公課の滞納もそれなりの額になっているはずです。

滞納していた公租公課の支払義務

自己破産

法人 ⇨	支払義務のある会社自体が消滅するので、経営者は支払わなくてよい
個人事業主 ⇨	免責されない（非免責債権）

銀行からの借り入れなどは、法人でも個人事業主でも経営者は免責される

つまり、そのような負債を払えないから自己破産しているつもりが、自己破産しても免責されないのです。

他方で、法人で自己破産した場合、法人の事業で発生した以上、当然のことながら公租公課は法人に支払義務が発生しています。

ですから、**経営者が個人的に保証していない限り、法人が自己破産すれば法人が滞納していた公租公課は法人と支払先との関係になるので**（役所は滞納分が回収不能になるでしょう）、**経営者個人は支払しなくてよいことになります。**

そうすると、法人の経営者は、銀行からの借り入れなどを保証していても、**自己破産すれば借金は全てきれいになくなる**のです。

これに対して、**個人事業主だと、公租公課の支払義務は法人が存在しない以上、事業主個人に支払義務がありますから、公租公課の支払義務は自己破産に影響されず事業主は破産後も支払義務を負う**ことになります。

事業が大きくなるにつれて社会保険料や預かり消費税の金額も大きくなる

ですので、個人事業主が、例えば売上高が億単位になるまで大きくしてしまったら、従業員をたくさん雇っているでしょうから、社会保険料の金額が大きくなるでしょうし、売上で預かった消費税の金額も大きくなっているでしょう。

自己破産後にそれらを完済するのは至難の業で、自己破産した目的が果たせなくなります。

そうすると、**個人事業主のままで事業を大きくするのは、事業が傾いた時のリスクを考えると避けたほうが賢明かもしれません。**

会社を守る心得

3 経費削減

経費の削減は売上を上げるのと同じく重要な経営課題です。

経費の削減には、経費の費目自体をなくすこと、要は取引の中止による経費の削減と、取引は継続しつつその金額を下げてもらう経費の削減とがあると思います。

このうち、取引自体を中止する経費の削減については、取引自体を止めることによるどんな影響があるのかをよく考えてみるといいと思います。

その取引に目に見えない価値がある場合がありますので、契約を終了させようか迷った時はそのあたりを冷静に考えてみてください。

次に、金額を下げてもらう削減方法を考えてみましょう。要は値切りですよね。大阪出身の私は、「値切ってなんぼ」という文化の中で生きてきましたが、値切りということに対しては懐疑的に考えています。

と申しますのは、**値切ることで相手のやる気を削いでしまいますし、取引相手は利益を出すために商品やサービスの内容を落とすかもしれません。結局は、値切ったことにより発注者が損をする**からです。

ただし、この値切りに関しては、私の経験では、**お金持ちの社長ほど経費について細かく、悪く言えば、お金持ちほどケチ**です。

私が親しくお付き合いさせていただいていた、とある財務内容が極めて良い会社の社長さんが、社内で飲み会をする際、一通りアルコール類やソフトドリンクを飲んだ後の水分補給について、従業員に「無料の温かいお茶」を頼ませるようにしておられました。

「無料のお茶」って……(汗)。暫く私の脳裏から消えませんでした。

もちろん、そのような経費意識の高い社長さんが、人間として親しみやすいのかと言えば別ですがね。

他方で、このようなお金持ちの社長さんは、「これは必要」と感じた経費は惜しみなく出しておられます。このメリハリが儲かっている会社の経営者の特徴だと思います。

私は基本的に値切りません。相手に気持ち良く仕事してほしいからです。このような考え方は、経営者として、商売人として未熟なのでしょうか。

ちなみに、私は「無料のお茶」の社長さんから弁護士費用の消費税を値切られました。例えば、「10万円」と合意したのであって、「11万円ではない」という具合です。

今考えると、その社長さんから、僅かな金額ですら、商売では支払う側と受領する側の攻防があるという厳しさを教えてもらったのだと思います。

会社を守る心得

4 社内での情報収集

事業がそれなりに成功すると、社長としては、周りの勧めもあって、ちゃんとした社長室を作りたいという考えが浮かぶことがあります。

ちゃんとした社長室は、成功の証でもあり、社長としては気持ちがいいでしょう。

ちゃんとした社長室を設けるべきか

しかし、ちゃんとした社長室で社長が寛いでしまうと、社内での情報収集に支障が生じてしまいます。

社長室に入ることは、従業員にとってはハードルが高いのです。つまり、直接のコミュニケーションの絶対量が減ってしまいます。

また、社長室に籠っていると、社長からみても社内の様子がわからなくなるので、間接的なコミュニケーションがなくなり、いずれにせよ情報が入ってこなくなります。

私自身がどうしているかと申しますと、私の事務所は広いワンフロアで、オフィス全体が見渡せる角に私の執務スペースを作っています。

天井は空いている簡単な衝立を置いてスペースを囲い、ドアは開けっ放しにしています。衝立は一部をガラス張りにして、お互いが見えるようにしています。

こうすることによって、**私は椅子に座っているだけでも、従業員の仕事ぶりがわかります。従業員同士の会話や顧客との電話の様子もわかります。**従業員と間接的にコミュニケーションを取っているようなものです。

これにより私は、**何か問題が起こった時の適切かつ迅速な判断ができますし、社内の動きについて気づきを得やすくなります。**

また、社長である私が近くにいるので**従業員は社長にコミュニケーションを取りに行きやすくなりますし、社長に見られていることによる緊張感も出ます。**

完全なオープンスペースにすると、社長は落ち着いてものを考えられなくなりますので、簡単な衝立はあったほうがいいと思いますが、ちゃんとした社長室を作ってしまうと社内での情報収集に支障が出るように思います。

会社を守る心得

5 社長の時間の使い方

従業員に限らず社長でも、予定を詰め込んで忙しくあくせく動き回ると、仕事をした気になって安心します。

単純作業の繰り返し業務をする者については、時間単位の予定表を作成し、予定をギッシリ詰め込んでしまうことで生産性が上がるので、それでいいでしょう。

では社長の場合もそれでいいのでしょうか。予定がぎっしりで余裕がなく動き回っていることで**社長の仕事**をしていると言えるでしょうか。

社長本人は動き回って気持ちいいし適度な疲れも味わえるでしょう。しかし、社長の本来的業務の一つである**会社の未来を考えて、布石を打つ**ことができるのでしょうか。

また、社長の予定が詰まっていると、予期しない出来事が起こり、社長の身体が必要になった時にそれで対応ができるのでしょうか。

いざという時に動けるように予定を組み過ぎない

私は、社長はスケジュール管理をするにあたって、予定を組み過ぎないことが大切だと考えます。

事業をしていると、常に予期しない出来事が起こる可能性があり、予定をぎっしり詰め込んでしまったらそれを処理する時間が取れなくなります。

私の場合も、顧問先からの緊急の相談や法人の倒産事件など、その日のうちに動かないといけない業務が入ってきたりもしますので、それに対応できるようにスケジュール管理をしています。

考えてみると、**経営者は、予期しない出来事に対応するのが日常の業務**と言ってよく、そのような**予期しない出来事に備えるためには、「何も予定のない時間」をスケジュールに組み込むこと**が必要になります。

このように、敢えて「何も予定のない時間」を予定に組み込むことによって、私の場合であれば、顧問先からの突然の依頼に対応しやすくなるのです。

そして、**「何も予定のない時間」に何も起こらなかった場合は、その時間を落ち着いて会社の未来を考える時間**に充てればよいのです。

会社を守る心得

6 イノベーション・挑戦

京セラの創業者である稲盛和夫さんは、新しいことを進め、成功させるには、「**楽観的に構想し、悲観的に計画し、楽観的に実行する**」ということが大切だと述べておられました。

つまり、新しいことをするには、「こうありたい」と夢と希望を抱いて楽観的に構想を挙げ、そして、具体的に計画を練る段階になると、今度は起こりうる問題を冷静に挙げていって問題点と対策を考える。最後に練り上げた計画を必ず実現できると信じて、一途に実行していくことが必要だということです。

しかし、**業界での経験を積み重ねて知識も豊富に持ち合わせるようになると、「楽観的に構想」することができなくなっている人をよく見かけます。**

それなりに勉強して知識があると、新しい構想が出てきてもこれまでの知識や経験で得た常識の範囲内で判断してしまって、すぐに否定的なことを言ってしまうのです。

知識や経験をもとに、無意識に粗探しをしてしまっているのでしょう。

具体的に計画を練る際に問題点を挙げていく際はこれが必要なのですが、夢を見る構想段階でこれをすると組織の熱を下げてしまい、エネルギー自体が奪われて何も新しいことができなくなります。

私のいる弁護士業界では、すぐに問題点を挙げて構想を潰してしまう議論をよく見かけます。

問題点に気づく頭の良さの品評会で自分の能力を勝ち誇るかのように。これでは全く議論が盛り上がりませんし、その議論自体が楽しくないばかりか、新しいものは何も生み出せません。勉強で頭の良さを競ってきた人たちが集まっている業界ですから、この傾向は一般社会より強いかもしれません。

それに、クライアントから相談があるのは計画段階が多いから、自分たちの事業の構想段階でも同じ思考をしてしまうのでしょう。

私自身も、人生経験、業界での経験を積むに従って、いつの間にか冷静に物事を見過ぎて馬鹿になれない自分に気づきます。

もっと可能性にかけてみる思考をすればいいと思うのですが、冷静に問題点を考えてしまうのが習い性になっています。

おそらく、こういう時は、**業界の内外を問わず、若い力に触れることが大切**だと思います。若者のおそれを知らない元気な思考から、これまでの常識を超えた新たなものが生まれるかもしれません。

会社を守る
心得

7 事業承継

言うまでもなく、後継者を育成することは社長の大きな仕事です。特に、事業を大きくしてしまったのに後継者がいない企業の社長は、社会に対する職責を果たしていないと言ってもいいかもしれません。

これにあたっては、まずは**「後継者を作ろうと思う」ことから全ては始まる**と思います。

後継者を作ろうと思っていないのに後継者が現れるほど世の中は都合良くできていませんし、本気で作ろうと思うと行動が変わってくるはずです。

いろいろと失敗があり、そう簡単にはいきませんが、後継者を作ろうと思って行動すると様々なチャンスが生まれ、だんだんと形になってくるはずです。

後継者の育成、選び方

何せ、後継者の育成は、普通の経営者人生を送っていると一生に1回のことですから、経験を積んで上手になっていくことは、普通はありません。未経験のことを手探りで、周りの先人たちのやってきたことを参考にしながら進めていくしかありません。

しかも、1＋1＝2と答えてくれるコンピューターと違って、人間は1＋1が3

になったりマイナスになったりして、思い通りにいきません。

従業員に対する人材育成以上に後継者育成は難しいのではないでしょうか。しかも、自分の子供に継いでもらいたい時は、親子の感情が絡んできて余計にややこしくなります。

自分と全く同じ経営はできないことを前提とする

しかしそれでも挫けずにやり抜かねばならないのが後継者育成だと思います。これは社長になった者の義務ではないでしょうか。

私自身も後継者育成はまだ未経験ですが、これまでの従業員に対する人材育成で得た教訓を活かして、後継者育成の基本を考えてみると、社長は、後継者として自分の分身、コピーを作ろうとしないことが大事になるのではないでしょうか。

コンピューターではなく人間で、それぞれに個性があります。継ぐことになる人材にはその人なりの持ち味があります。

自分と全く同じ経営はできない、自分のコピーはできないということを前提として、後継者を育成していく必要があると思います。それが一番の根底にある考え方ではないでしょうか。

健康面を含めて自分に自信があり、会社に思い入れがある社長ほど、後継者育成が後まわしになりがちです。しかし、永遠の命はありえない以上、会社に関わる全ての人のために、視野を広く持って後継者候補への考え方の転換を図るといいと思います。

雇われ社長の可能性を考える

一般に中小零細企業の経営においては、**経営者一族が会社の株式の大部分を所有していることが多く（所有と経営が一致）**、事業承継においても、新しい経営者に株式

所有と経営

規模の小さな企業

所有と経営が一致 ⇒ オーナー社長

規模の大きな企業

所有と経営が分離 ⇒ 雇われ社長

を移すことが多くなります。

しかし、**規模が大きい企業においては、「所有と経営の分離」**といって会社の株主と経営者が別になっていることが多いのです。

つまり、事業拡大に伴って経営者（創業者）一族以外の者に出資を募ったりして、株主は創業者一族以外にも広く分散しているのに、会社の経営は、**株式を持たない「雇われ社長」**が経営を行うという形式です。

実はこの[※1]所有と経営の分離は、大企業に限らず中小零細企業においても成り立ちうるのです。

例えば社長の親族に後継者候補がおらず、逆に社内の従業員に経営者になりうる人材がいて、ただ、その方からすると、社長になって保証債務などを背負わされるのは、これまでの人生で積み上げた財産が全て無くなるおそれがあり、家族からの了解も得られにくいという場面があります[※2]。

この場合、親族にこだわっていると後継者がいませんので、社内の優秀な人材に経営を任せたいところです。

経営者保証ガイドラインでは、保証人にならずに後継者になれる可能性に言及していますので、これを活用しない手はありません。

そしてまたその次の世代になり、創業者一族に優秀な人材が現れれば、**大政奉還のイメージ**でその方が経営を継いで所有と経営を一致させることもありえますよね。

つまり、私が言いたいのは、「これしかない」と決めつけるのではなく、**目的は**

「事業を承継すること」ですから、承継当時の社会情勢や会社ごとの事情などに合わせてオーダーメードで、事業承継プランを立てていくことが大切だということです。

最近、私が関与している先でも、株式の所有者と経営者が別という会社もいくつかあります。

あるいはファンドを利用した事例もあります。

会社ごとに事情は違いますが、その時々に応じて、「会社を潰さない。事業を継続する」という大義名分によって承継方法を考えていった結果です。

※1中小零細企業における所有と経営の分離は、株式は創業者一族が所有し、経営者は株をあまり所有しない、雇われ経営者をイメージします。

※2他には、株価が高過ぎて買い取り資金がなく、その資金を銀行から借り入れしてまで買い取りたいというインセンティブが働かない場合がイメージできます。

専門家の視点と社長本人の視点のズレに気をつける

私は弁護士として事業承継に関与しておりますと、時折、社長の視点と専門家（士業）の視点がズレていることがあります。

例えば、税理士は、税金をいかにして安くするかに力点があり、全ての思考がそこから始まっている方もいます。

また、弁護士は会社の支配権を確保するためにはどうしたらいいか、いかに後日の紛争を予防しようかという観点からアドバイスします。

他方、社長本人はもっと別の視点から考えており、少々税金が高くなろうが、自分の譲れない一線を守った事業承継をしたい場合もあります。

こういう場合、社長は自分の考えを遠慮せずにお話しいただき、それを前提に事業承継プランを練ってもらうようにするとよいでしょう。

現社長の引き際

人生では、何事においても**引き際が肝心です。引き際を誤ったために晩節を汚している人がたくさんいます。**周囲には茶坊主がたくさんいるため、本人はそのことに気づいておらず、裸の王様になっている場合もあります。

我々は、そういう人を間近で見て自分はそうならないように心がけることが大切になります。

自分が若いうちに、周りで引き際を誤って晩節を汚している方を見て、自分はそうならないように早い段階から準備していこうと思うことが大事になります。また、**諫言してくれる人を持つのも有効**でしょう。

引退後は何をして過ごそうかな？

そうは言っても、経営者にとって、会社は生きがいです。そう簡単には離れられません。

また、**仕事一筋で生きてきた人からすると、引退後の生きがいは何か？　引退後は何をして過ごそうか？　と考えて、不安になる**ことがありますよね。**仕事以外にやることがない**と考えると、ますます会社から離れられなくなります。

そこはどうしたらいいのでしょうか。

おそらく、決して他人には口に出して言えませんが、そう考えている経営者はたくさんいると思います。

傍からみれば、「そんな理由で社長を続けられても困る。引退後のやることくらい自分で見つけてよ」と言いたくなりますが、定年退職などの強制的な引退制度のない同族企業の経営者はズルズルいきがちです。

肉体的な衰えから諦めざるを得ない場合は、潔くバトンを渡せるのかもしれませんが、元気に動ける場合は相当な決意が必要になると思います。

若いうちからできることとしては、今から安心して任せられる後継者を育成し、**「自分がやるよりこいつに任せたほうがいい」と思って引退を決意する**ことでしょうか。

親族内承継を考えておられるのなら、子育てをしながら小さいうちから教育していきましょう。

二代目後継ぎの悩み

得てして、創業者である父は、強引なところもあるけれども一代で事業を大きくし、大人しい自分は父を超えることはできないと思い悩む二代目経営者は多いと思います。

創業者はすごい人で、自分はオヤジを超えたいと思っているがそこまでの力量がないと感じている場合や、周りも二代目に創業者と同レベルの働きを求めていることがわかる場合は、二代目からすると、会社経営は苦行極まりないものになるでしょう。

しかしどれだけ悩もうと、基本的には二代目は自分以外にいなくて、逃げようがない場合が多いのではないでしょうか。

それを逆手に取って、**自分は父から二代目だと認められたし、父と比べるとどれだけ力不足であっても自分がやるしかないのだ、と考え方を変えてしまえば、落ち着いて自分の考える経営をできるはず**です。そう覚悟してしまえばいいのです。

まずは、**自分はオヤジとは違うことを認め、自分の持ち味を発揮して自分にできることをやるようにすればいい**と思います。

事業承継は、創業者である父親を超えることが目的ではなく、会社を良くして経営理念を実現していくのが目的なのです。

会社を守る心得

8 社長のメンタルヘルス

どの業界でも若くして成功すると、妬《ねた》みや僻《そね》みの感情から、周りから嫌がらせを受けることがあります。

それは同業者であったり、取引先であったり、お世話になった人であったり、思わぬところから嫌がらせを受けることがあります。

嫌がらせのやり方も、**揚げ足を取ったかのような不祥事の捻出であったり様々で、人間不信になることもあります。**とにかくショックが大きくて、その後の人付き合いに影を落とすこともあるでしょう。

しかし、**うまくいっている者に対するそのような嫌がらせは、自分がそれだけ成功したことの証**だと思います。

出世して目立っているから、妬みの対象になっているのだと思います。うまくいっておらず細々とやっている者には誰も嫌がらせはしません。

そう思えば、ここで怯んでいる場合ではありません。嫌がらせを受けて引っ込んでしまえば相手の思う壺です。

嫌がらせの真相や構造がわかってしまえば、ある意味割り切りの気持ちが出てきて前に進めるようになります。十分にショックを受けてそれを昇華できたからでしょう。

そこからは、「出る杭は打たれる」ではなく、「出過ぎた杭は打たれない」別世界に行ってしまいましょう。

会社を守る心得

9 社長の健康維持

社長の役割、仕事の一つとして、**会社の顔**であって、**会社の精神的支柱**であり広告塔というのがあります。

他社から見た場合、社長＝その会社で、周りからは、社長の佇まいがその会社の精神、考え方を表していると見られます。

そうしますと、社長がそのような役割を果たせないような健康状態であってはいけません。社長の仕事のまず第一として、健康であることが挙げられると言えるでしょう。

健康であることは誰しも気をつけたり、願っていることですから、ここでは単純な健康法というよりも、年齢による体質の変化を踏まえた注意点についてお話ししたいと思います。

年齢を重ねるに従い、誰しも体質の変化や体力の低下を経験し、それに応じた生活習慣に変えていくことをされているでしょう。

問題は、体質や体力の変化に気づかずに大きなダメージを受けたり、あるいは変化に気づいたけれどその原因や対処法がわからずに苦しむことだと思います。

特に、具体的な病名がつかない不調への対処がやっかいです。

経営者人生に突然訪れた、心身の変化

例えば私の場合、先に述べたように、40歳代前半で体質が変化し体力が落ちてきて泥沼にはまった経験があります。ちょうど厄年の時に、スキーで転倒し、打ちどころが悪ければ命を落としていたかもしれないような頸椎捻挫を経験し、そこから何かが狂ってきたように思います。

それまでの私は、飲み会が終わってから事務所に戻って仕事をするようなことをしていました。しかし、厄年を過ぎたくらいから、だんだんと活動することへの意欲がなくなってきて、何もする気力が湧かず、ぼーっとするような精神状態になりました。

さすがにこれには参ってしまい、病院で様々な科を受診したりして、復活に向けて対処してみましたが、予想以上に回復まで時間がかかりました。

いろいろ試してそのつど良くなりますが、またおかしくなっての繰り返しで、突然おかしくなるので、他人とのアポイントを取るのが怖くなった時期もありました。**人に会うのがストレスで、直前のキャンセルなどご迷惑をかけたこともありました。**

そうしたところ、主治医から、私の症状は男性更年期障害かもしれないと言われました。

男性更年期障害（ＬＯＨ症候群）というのは、男性ホルモンであるテストステロンが低下することで起こる一連の症状です。性欲の低下、不眠、発汗（寝汗がひどいなど）、ほてり、のぼせ、イライラ、不安、抑うつ、集中力や記憶力の低下、意欲の低下、疲労感、倦怠感などの症状があります。

全国で患者数が６００万人と言われており、心当たりのある方もたくさんおられるのではないでしょうか。

心身ともに健康で、ともに経営者人生を駆け抜けよう

私は、**医師の指示に従い、過度のストレスを受けないよう仕事を極力セーブし、一生懸命にやり過ぎないようにして、男性更年期障害に効果のあると言われる漢方薬を飲み治療しました。すると年単位の時間がかかりましたが楽になっている**のを感じました。

最近は再び意欲的になってきましたが、**若い頃の勢いではなく、精神的にしなやかな感じで意欲的に取り組めるようになりつつあります。**

そうすると、運動にも意欲的に取り組むようになり、ここ2年くらいは毎朝60分の坂道トレーニング（ウォーキング）を毎日欠かさずやるようになり、大雨の日でもゴルフ用の雨具を装着してトレーニングに励むようになりました。

そうして私は元気を取り戻していますが、現在も毎月のように通っている病院が4〜5か所くらいあり、**絶妙なバランスのもと自分が生活できている**ことを実感します。苦しんだからこそ、危機管理が上手になった気がします。

自分の体質の変化に応じた対策をして、改善には年単位で時間がかかりますが、体調を良くしていくことが大切だと思います。

体調が回復しても、若い頃と同じになりませんが、年齢や体質に応じたしなやかな自分を取り戻せると思います。

会社を経営すると、思わぬストレスをたくさん受けます。その中で体調を崩される方は多いと思いますが、1人で悩まず粘り強く対策を練っていけばどこかでトンネルを抜けられると思います。ともに経営者人生を悔いなく駆け抜けていきましょう。

おわりに

最後まで読み進めてくださり、ありがとうございました。

ひょっとしたら、「自分も同じ悩みを抱えているんだよ」と思いながら、読んでくださった方もおられるのではないでしょうか。

1人で悩み、悶々としながら日々経営にあたられている経営者が、この本を読むことで、その悩みを共有し、少しでも解決に向かうことができるようにイメージして、原稿を書き上げました。

「令和3年 経済センサス―活動調査」によると、日本全国に法人企業が約178万社存在し、そのうちの約75％が従業員10人未満の企業です。従業員20人未満まで広げると約86％になります。

そう考えると、法人企業の大部分が中小零細企業です。この中小零細企業の経営者の悩みに寄り添い、強固な経営に移行していくサポートをするのは、社会的な意義がとても高いことだと思います。

私の経営する法律事務所の顧問先企業様は約１５０社です。その多くが中小零細企業です。私は、中小零細企業のお役に立つことは、その企業に関わる全ての人々の幸せにつながると考えています。私にとっては、中小零細企業のお役に立つことが使命だと思うようになりました。

私がこのような考えを持つに至ったのは、自分自身が中小零細企業の経営者であり、クライアント企業の皆様と同じ悩みを共有し、分かち合いながら、克服していこうと、ともに走り続けているからだと思います。

経営者の悩みに基づいた本書が、少しでも会社経営のお役に立てるのなら幸甚です。

さて、多くの人が、一国一城の主になりたいと思い、創業します。最初は、プレイヤーとして一心不乱に仕事に打ち込めば、事業が軌道に乗ります。

京セラ創業者の稲盛和夫さんが提唱する『経営12カ条』の、第4条「誰にも負けない努力をする」ということばが、素直に入ってくると思います。この頃は、とにかくプレイヤーとして誰にも負けない努力をすればいいのですから。


ところが、人を雇い、会社が組織の体をなしてくると、ただ単にプレイヤーとして一心不乱に仕事に打ち込むだけでは足りなくなります。

従業員の採用、育成、組織としての仕組み作りといったマネジメント業務も入ってきます。社長はさらに忙しくなると思います。


そこを乗り越えることができるかは、経営者として大きな転換点になるでしょう。

そのためには、これまでお話ししてきた「任せる」ということが鍵になります。

「任せる」がうまくいくようになると、「人使いの名人と言われた松下幸之助さんはこんな感じで任せていたのかな？」と想像したりして、ひとり悦に入った経験のある経営者もいらっしゃることでしょう。

こうして任せることができるようになったら、経営者として新たなステージに立つことになります。見える景色が変わってくるのです。

任せることができた人だけが入ることのできる世界があります。稲盛さんの言う「誰にも負けない努力」の中身が変わってきます。

こうして偉そうなことを書いてしまいましたが、任せることができるようになった経営者が「社長の仕事」として、これから何をしていけばよいのか、悩んでしまうことが多いと思います。

プレイヤーの時は、仕事の仕方に何らかの型があって、それに従っていけば形になってきます。しかし、社長業には教科書も何もなくて、どうしたらいいのか自分で一から考えるしかありません。

空いた時間をどう使っていくのか、会社に必要なことは何で、そのために社長として何をすべきかを考え、実践していくことになります。

経営者として、ここからが本当のスタートラインなのかもしれません。社長業の旅は果てしなく続いていくでしょう。

最後に、私の考える社長の仕事を挙げてみたいと思います。

もちろん、会社の規模や業種、その時の状況などによって変わってきますし、誰かに「任せる」のか、自分が直接関わっていくのか、その関わり方の濃淡も違うでしょう。それでも、最大公約数的に、どの会社の社長にも当てはまると思うものを挙げてみます。

①健康であること

②会社の顔、精神的支柱、広告塔（自分が存在するだけで稼いでいる）

③ビジョンを示し、組織を目標に向かわせる

④「任せる」ための組織を構築

⑤いざという時に動く

⑥社内外の問題の対応、コンプライアンス、守りの部分の社内体制の構築
⑦経営に関する重要な意思決定
⑧従業員、幹部、後継者の人材育成

いかがでしょうか。皆さんはどのように考えられますか。考え出すと、もっと細分化してきりがなくなるかもしれませんね。

要は、会社の全てのことに責任を持つのが社長の仕事なのでしょうね。

弁護士　井上晴夫

2024年6月